社会主义核心价值观与师德修养

shehuizhuyi hexin jiazhiguan yu shide xiuyang

徐青英 阎玉珍 主编

东北师范大学出版社　长　春

图书在版编目（CIP）数据

社会主义核心价值观与师德修养/徐青英主编. —长春：东北师范大学出版社，2015.5
ISBN 978-7-5681-0894-2

Ⅰ.①社… Ⅱ.①徐… Ⅲ.①社会主义建设—价值论—中国②师德—研究 Ⅳ.①D616②G451.6

中国版本图书馆 CIP 数据核字（2015）第 117112 号

□责任编辑：吴东范　□封面设计：张　然
□责任校对：伊　然　□责任印制：刘兆辉

东北师范大学出版社出版发行
长春净月经济开发区金宝街 118 号（邮政编码：130117）
电话：0431—84568022
网址：http://www.nenup.com
东北师范大学出版社激光照排中心制版
北京柯蓝博泰印务有限公司印装

2015 年 5 月第 1 版　　2019 年 5 月第 2 次印刷
幅面尺寸：169 mm×239 mm　印张：11.75　字数：200 千

定价：24.00 元

社会主义核心价值观

中小学教师职业道德规范
（2008年修订）

1. 爱国守法。热爱祖国，热爱人民，拥护中国共产党领导，拥护社会主义。全面贯彻国家教育方针，自觉遵守教育法律法规，依法履行教师职责权利。不得有违背党和国家方针政策的言行。

2. 爱岗敬业。忠诚于人民教育事业，志存高远，勤恳敬业，甘为人梯，乐于奉献。对工作高度负责，认真备课上课，认真批改作业，认真辅导学生。不得敷衍塞责。

3. 关爱学生。关心爱护全体学生，尊重学生人格，平等公正对待学生。对学生严慈相济，做学生良师益友。保护学生安全，关心学生健康，维护学生权益。不讽刺、挖苦、歧视学生，不体罚或变相体罚学生。

4. 教书育人。遵循教育规律，实施素质教育。循循善诱，诲人不倦，因材施教。培养学生良好品行，激发学生创新精神，促进学生全面发展。不以分数作为评价学生的唯一标准。

5. 为人师表。坚守高尚情操，知荣明耻，严于律己，以身作则。衣着得体，语言规范，举止文明。关心集体，团结协作，尊重同事，尊重家长。作风正派，廉洁奉公。自觉抵制有偿家教，不利用职务之便谋取私利。

6. 终身学习。崇尚科学精神，树立终身学习理念，拓宽知识视野，更新知识结构。潜心钻研业务，勇于探索创新，不断提高专业素养和教育教学水平。

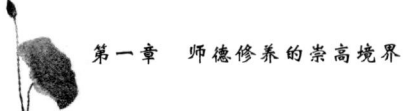

目 录

第一章 师德修养的崇高境界 …………………… 1
  第一节 教师职业道德规范
      ——教师的行动向导 …………………… 3
    一、师德修养的科学内涵 …………………… 3
    二、师德修养的基本特征 …………………… 8
  第二节 社会主义核心价值观
      ——教师的精神支柱 …………………… 13
    一、社会主义核心价值观的科学内涵 …… 13
    二、社会主义核心价值观的基本特征 …… 19
    三、社会主义核心价值观是教师的精神
        支柱 …………………………………… 21

第二章 师德修养的价值标杆 …………………… 27
  第一节 师德修养的价值目标
      ——富强、民主、文明、和谐 …… 29
    一、师德修养的价值目标——富强 …… 29
    二、师德修养的价值目标——民主 …… 34
    三、师德修养的价值目标——文明 …… 40
    四、师德修养的价值目标——和谐 …… 47
  第二节 师德修养的的价值取向
      ——自由、平等、公正、法治 …… 52
    一、师德修养的价值取向——自由 …… 52
    二、师德修养的价值取向——平等 …… 59
    三、师德修养的价值取向——公正 …… 68
    四、师德修养的价值取向——法治 …… 75

　　第三节　师德修养的价值准则
　　　　　——爱国、敬业、诚信、友善……… 80
　　一、师德修养的价值准则——爱国………… 80
　　二、师德修养的价值准则——敬业………… 87
　　三、师德修养的价值准则——诚信………… 94
　　四、师德修养的价值准则——友善………… 100
第三章　师德修养的践行路径…………………… 107
　第一节　师德修养的内动力
　　　　　——提升素质层次……………… 109
　　一、提升理想信念层次，增强教书育人的
　　　　荣誉感…………………………………… 109
　　二、提升修身养性层次，增强为人师表的
　　　　使命感…………………………………… 123
　　三、提升职业操守层次，增强立德树人的
　　　　责任感…………………………………… 134
　第二节　师德修养的外驱力
　　　　　——形成长效机制……………… 146
　　一、建立师德监督机制，接受社会全面
　　　　监督……………………………………… 146
　　二、完善师德考核机制，考出改进工作
　　　　方向……………………………………… 157
　　三、落实师德奖惩机制，促进教师狠抓
　　　　修养……………………………………… 169
参考书目…………………………………………… 179
后　　记…………………………………………… 180

第一章　师德修养的崇高境界

第 一 章
师德修养的崇高境界

【本章内容提要】

　　从基础理论方面阐述了师德修养的崇高境界。第一节阐述了师德修养的依据，强调教师职业道德规范是教师的行动向导。第二节分析了培育和践行社会主义核心价值观在提升教师职业道德水平方面的重要作用，即社会主义核心价值观是师德修养的精神支柱。

社会主义核心价值观与师德修养

　　开展社会主义核心价值观与师德修养的研究，是大家共同面临的新课题，也是亟待开发和探讨的新领域。师德修养即教师职业道德修养，是教师个人由道德他律向道德自律转化的过程。师德规范要求教师具有健全人格，师德规范为教师提供了行动指南，规定了行动底线，师德规范是师德修养的基本要求。社会主义核心价值观倡导富强、民主、文明、和谐，倡导自由、平等、公正、法治，倡导爱国、敬业、诚信、友善，具有先进性、开放性、民族性、人民性的特征。社会主义核心价值观是整个教师价值体系中最基础、最核心的部分，有助于教师培养崇高品德，树立"面向现代化、面向世界、面向未来"的观念，增强民族荣誉感，培育教师生本意识。因此，自觉践行社会主义核心价值观是师德修养的崇高境界。

第一章 师德修养的崇高境界

第一节 教师职业道德规范
——教师的行动向导

俗话说,国有国法,校有校纪,家有家规,没有规矩不成方圆。各行各业都应该有自己的行业规范来指导或约束员工的行为,以便使员工行为符合社会发展的客观需要。教师职业道德规范就是规范教师的行动向导。

一、师德修养的科学内涵

"师德"就是教师的职业道德,它是教师和一切教育工作者从事教育活动必须遵守的道德规范和行为准则,必须确立的道德观念、情操和品质。师德,乃教师之魂,无德不能从教。师德需要教师加强自身修养才能获得,而师德修养有一个长期、艰苦的磨练过程。师德修养的目的,就是把教师身上最美好的东西充分地挖掘出来,展示出来,成为学生学习和模仿的榜样,使教师的人生价值得到升华。

(一)师德修养的含义

马克思主义认为:"道德是社会意识形态之一,它依靠社会舆论、人们的内心信念和传统习惯调节人与人(包括个人与个人、个人与社会集体、社会集体与社会集体)、人与自然、人与自身之间的伦理关系的行为原则、规范的总和。"①

职业道德就是所有从业人员在职业活动中应该遵循的行为准则。"职业道德与人们所从事的具体职业活动密切相关。由于从事某种职业的人们,有着共同的劳动方式,经受共同的职业训练,有着共同的职业要求,因而往往具有共同的职业兴趣、爱好、习惯和心理传统,结成某些特殊关系,形成特殊的职业责任和职业纪律,加上社会对其职业逐渐提出了具体的要求,于是形成了与这种职业有关的特殊的行为规范和道德要求。"②

---

① 郭广银.伦理学原理[M].南京:南京大学出版社,1999:3.
② 杨春茂.师德修养十讲[M].北京:北京大学出版社,1999:23.

师德，顾名思义就是教师的职业道德，"是指教师在从事教育劳动过程中形成的比较稳定的道德观念、行为规范和道德品质的总和，它是调节教师与他人、与集体及社会相互关系的行为准则，是一定社会对教师职业行为的基本要求与概括"[①]。它从道德伦理的层面规定了教师应该以什么样的思想认知、道德情感、意志态度和行为品德从事教育事业，为社会尽职尽责，它是一般社会道德在教师职业中的特殊表现。教师职业道德的基本要求是：要给学生以实际的教益，要具有全心全意为学生服务的思想、态度和行为，要努力把学生培养成为符合社会发展需要的人才。具体而言，就是要求教师忠于人民的教育事业，全心全意为培养、教育学生服务，自觉地遵守教师道德规范和行为准则；要求教师以为中国特色社会主义现代化建设培养人才为目的，正确处理教育教学过程中各种道德关系，自觉地加强师德修养。

师德修养即教师职业道德修养，是指教师为了适应教育教学工作的需要，根据教师道德的原则、规范、行为准则的要求，在思想道德品质方面所进行的一种自我培养、自我陶冶、自我锻炼、自我改造、自我反省、自我提高的活动，以及经过培养陶冶锻炼反省改造而形成的教师道德品质和达到的师德境界，其目的是使外在的师德要求内化为自身的师德品质，并在日常的教育教学中体现出来，发挥积极作用。这一道德修养过程也是教师个人由道德他律向道德自律转化的过程。

（二）师德修养的依据

教育部 2008 年颁布的《中小学教师职业道德规范》、2014 年颁布的《中小学教师违反职业道德行为处理办法》和《严禁教师违规收受学生及家长礼品礼金等行为的规定》等对中小学教师师德修养进行了明确的规定。

1. 《中小学教师职业道德规范》[②]

自改革开放以来，我国于 1985、1991、1997、2008 年先后四次颁布和修改了《中小学教师职业道德规范》，为教师职业道德的修养提供了依据。2008 年新修订的"规范"从教师应爱国守法、爱岗敬业、关爱学生、教书育人、为人师表、终身学习等六个方面加强师德修养。这个规范是我国对新时期中小学教师行为规范和行为品德的新规定、新要求，"爱"与"责任"是贯穿其中的核心和灵魂。2008 年新修订的《中小学教师职业道德规范》

---

① 傅维利. 师德读本 [M]. 北京：高等教育出版社，2006：91.
② http://wenku.baidu.com/link?url = JRLnqfZq1lmes99UVx15LhXf8gJt4wqFj2U-DD1yHDkQPUGmqbJwDR6Apv.

第一章　师德修养的崇高境界

具体内容如下：

①爱国守法。热爱祖国，热爱人民，拥护中国共产党领导，拥护社会主义。全面贯彻国家教育方针，自觉遵守教育法律法规，依法履行教师职责权利。不得有违背党和国家方针政策的言行。

②爱岗敬业。忠诚于人民教育事业，志存高远，勤恳敬业，甘为人梯，乐于奉献。对工作高度负责，认真备课上课，认真批改作业，认真辅导学生。不得敷衍塞责。

③关爱学生。关心爱护全体学生，尊重学生人格，平等公正对待学生。对学生严慈相济，做学生良师益友。保护学生安全，关心学生健康，维护学生权益。不讽刺、挖苦、歧视学生，不体罚或变相体罚学生。

④教书育人。遵循教育规律，实施素质教育。循循善诱，诲人不倦，因材施教。培养学生良好品行，激发学生创新精神，促进学生全面发展。不以分数作为评价学生的唯一标准。

⑤为人师表。坚守高尚情操，知荣明耻，严于律己，以身作则。衣着得体，语言规范，举止文明。关心集体，团结协作，尊重同事，尊重家长。作风正派，廉洁奉公。自觉抵制有偿家教，不利用职务之便谋取私利。

⑥终身学习。崇尚科学精神，树立终身学习理念，拓宽知识视野，更新知识结构。潜心钻研业务，勇于探索创新，不断提高专业素养和教育教学水平。

（资料来源：教育部中国教科文卫体工会全国委员会关于重新修订和印发《中小学教师职业道德规范》的通知，教师〔2008〕2号）

可进一步从以下六个方面对《中小学教师职业道德规范》进行解读，以便更加深入地理解和把握其内容。

第一，爱国守法是师德修养的前提条件。热爱自己的祖国是每个公民的职责和义务，当然更是每个教师的神圣职责和义务。依法治国，建设中国特色社会主义的法制国家，是中国特色社会主义现代化建设的重要目标。要实现这一目标，需要每个社会成员学法知法守法用法，用法律法规来规范和约束自己的言行，坚决不做法律禁止的事情。

第二，爱岗敬业是师德修养的本质要求。这是由教师职业的特殊性所决定的，教师做的是青少年成长成才的工作，青少年模仿性强，可塑性大，辨别度不高，教师的一举一动都对学生起着潜移默化的作用。教师应始终牢记自己的神圣职责，忠诚于人民教育事业，志存高远，勤恳敬业，乐于奉献，把个人的成长进步同社会主义伟大事业、同祖国的繁荣富强紧密联系在一

起，并在深刻的社会变革和丰富的教育实践中履行自己的光荣职责。

第三，关爱学生是师德修养的灵魂。亲其师，信其道。没有爱，就没有教育。高尔基说："谁爱孩子，孩子就爱谁。只有爱孩子的人，他才可以教育孩子。"教育风格可以各显身手，但爱是永恒的主题。爱心是学生打开知识之门、启迪心智的开始，爱心能够滋润浇开学生美丽的心灵之花。因此，教师必须关心爱护全体学生，尊重每一个学生人格，平等公正地对待学生。对学生严慈相济，关心学生身体健康和心灵健康，做学生良师益友。维护学生合法权益，保护学生安全。

第四，教书育人是教师的天职。教师必须遵循教育教学规律，认真贯彻执行教育方针，循循善诱，诲人不倦，因材施教，对学生进行素质教育。不以分数作为评价学生的唯一标准，注重学生健康人格的培育，培养学生良好品行，根据学生个性和特长激发学生的创新精神，促进每个学生德、智、体、美、劳全面发展。

第五，为人师表是师德修养的内在要求。学高为师，身正为范，教师要坚守高尚情操，知荣明耻，严于律己，以身作则，在各个方面率先垂范，做学生的榜样，以自己的人格魅力和学识魅力教育影响学生。要关心集体，团结协作，尊重同事，尊重家长，作风正派，廉洁奉公。自觉抵制有偿家教，不利用职务之便谋取私利。

第六，终身学习是教师专业发展不竭的动力。终身学习是时代发展的要求。陶行知先生说："出世便是破蒙，进棺材才算毕业。"这就要求老师始终处于学习状态，站在知识发展前沿，刻苦钻研、严谨笃学，不断充实、拓展、提高自己。过去讲，要给学生一碗水，教师要有一桶水。现在看，这个要求已经不够了，应该是要有一缸水甚至一潭水。因此，教师必须与时俱进，树立终身学习理念，努力拓宽知识视野，更新知识结构。潜心钻研业务，勇于探索创新，不断提高专业水平和教育教学能力。

2.《中小学教师违反职业道德行为处理办法》①

针对近年来中小学教师队伍中许多教师无法正确设定自己人生的坐标，不能正确处理奉献与索取的关系，不能摆正职业与事业的关系，导致观念上、言行上出现了缺乏以身立教的师表意识，缺乏爱岗敬业的奉献精神，缺乏教书育人的理念，不能平等地关爱每一个学生，课堂教学的方法缺少创新性，依然存在体罚或者变相体罚学生的不当行为，师生关系不和谐等种种职

---

① http://www.gov.cn/gzdt/2014-01/28/content_2577296.htm.

第一章 师德修养的崇高境界

业道德缺失或者违反教师职业道德行为的现象，2014年1月11日，教育部颁布了《中小学教师违反职业道德行为处理办法》，以预防和惩治中小学教师违反职业道德的行为，主要内容如下：

《中小学教师违反职业道德行为处理办法》第四条明确规定，教师有下列行为之一的，视情节轻重分别给予相应处分：

（1）在教育教学活动中有违背党和国家方针政策言行的；

（2）在教育教学活动中遇突发事件时，不履行保护学生人身安全职责的；

（3）在教育教学活动和学生管理、评价中不公平公正对待学生，产生明显负面影响的；

（4）在招生、考试、考核评价、职务评审、教研科研中弄虚作假、营私舞弊的；

（5）体罚学生和以侮辱、歧视等方式变相体罚学生，造成学生身心伤害的；

（6）对学生实施性骚扰或者与学生发生不正当关系的；

（7）索要或者违反规定收受家长、学生财物的；

（8）组织或者参与针对学生的经营性活动，或者强制学生订购教辅资料、报刊等谋取利益的；

（9）组织、要求学生参加校内外有偿补课，或者组织、参与校外培训机构对学生有偿补课的；

（10）其他严重违反职业道德的行为应当给予相应处分的。

学校及学校主管教育部门发现教师可能存在以上十条列举行为的，应当及时组织调查，核实有关事实；应当坚持公正、公平和教育与惩处相结合的原则；应当与其违反职业道德行为的性质、情节、危害程度相适应；应当事实清楚、证据确凿、定性准确、处理恰当、程序合法、手续完备。

（资料来源：教育部关于印发《中小学教师违反职业道德行为处理办法》的通知 教师［2014］1号）

3.《严禁教师违规收受学生及家长礼品礼金等行为的规定》[①]

针对当前有些学校存在着教师违规收受学生及家长礼品礼金等人民群众反映强烈的不正之风，为进一步加强师德师风建设，努力办好人民满意的教育，2014年7月8日教育部颁布了《严禁教师违规收受学生及家长礼品礼

---

① http://www.moe.edu.cn/publicfiles/business/htmlfiles/moe/s3144/201407/171513.html.

金等行为的规定》,具体内容为:

为纠正教师利用职务便利违规收受学生及家长礼品礼金等不正之风,特作如下规定:

(1) 严禁以任何方式索要或接受学生及家长赠送的礼品礼金、有价证券和支付凭证等财物。

(2) 严禁参加由学生及家长安排的可能影响考试、考核评价的宴请。

(3) 严禁参加由学生及家长安排支付费用的旅游、健身休闲等娱乐活动。

(4) 严禁让学生及家长支付或报销应由教师个人或亲属承担的费用。

(5) 严禁通过向学生推销图书、报刊、生活用品、社会保险等商业服务获取回扣。

(6) 严禁利用职务之便谋取不正当利益的其他行为。

学校领导干部要严于律己,带头执行规定,切实负起管理和监督职责。广大教师要大力弘扬高尚师德师风,自觉抵制收受学生及家长礼品礼金等不正之风。对违规违纪的,发现一起,查处一起,对典型案件要点名道姓公开通报曝光。情节严重的,依法依规给予开除处分,并撤销其教师资格;涉嫌犯罪的,依法移送司法机关处理。

(资料来源:教育部关于印发《严禁教师违规收受学生及家长礼品礼金等行为的规定》的通知,教监〔2014〕4号)

二、师德修养的基本特征

(一) 师德修养具有高尚性

有位诺贝尔医学奖获得者站在领奖台上说过这样一段话:"伟大的教师就像自然界的阳光雨露,他是人间爱河之源,是人类文明之母,一切科学的成功,尽管取得的途径不同,方法各异,但探究其真正根源,无不直接间接归功于伟大的教师。一切至高无上的荣誉,首先应当属于教师。"[1] 这位大师恰如其分地对师德高尚性进行了评价。伟大的教育家陶行知先生"捧着一颗心来,不带半根草去"的教育理念也充分阐释了教师职业道德的高尚性。可见,高尚的师德对学生的成长成才有着特殊的影响。因此,每一位教师要不断进行师德修养,坚持坚定的政治信仰,培育崇高的思想品德和高尚的道德情操。无论是在校内还是在社会公共场所,无论是在学生面前还是面对其

---

[1] 杨春茂. 师德修养十讲 [M]. 北京:北京大学出版社,1999:14.

第一章 师德修养的崇高境界

他陌生人，教师都要成为自觉遵守公共秩序、讲究社会公德的典范。凡是要求学生做到的，教师自己首先要做到，要言而有信，恪守承诺，做诚实守信的楷模。在知识方面要有学而不厌、诲人不倦的精神，在为人处事上要做严于律己、以身作则的榜样。

（二）师德修养具有导向性

教师的职业性质决定了教师要作"人之楷模"。因为教师的工作对象是一群有思想、有感情、有意志、有个性的千差万别的活生生的青少年学生。对于中小学教师，其劳动对象是可塑性极大的未成年人，他们的成长依赖于教师。学生有着很强烈的模仿性，尤其是低年级的学生更为突出。学生对讲台上的教师有一种神秘且仰慕的感觉，他们仰慕教师的人品和才华，羡慕教师的知识和能力，甚至模仿教师的服饰和表情。教师的一举一动、一言一行对学生都有着潜移默化的影响。学生的眼睛就是一部"摄像机"，耳朵就是一部"录音机"，脑子就是一台"计算机"，教师的言行举止、道德风貌无时无刻不在影响着每一位学生。因此，教师的道德素养对学生的影响是任何教科书不能比拟的，也是任何奖惩制度不能代替的一种教育力量。师德修养深刻且直接影响每一代学生道德品质的形成，教师行为对学生具有一种导向性的作用，因此教师要不断加强师德修养。

（三）师德修养具有深远性

教师在教学过程中不仅教书，更重要的是育人，教师职业道德直接作用于学生们的灵魂，影响学生的内心世界。教师的师德修养如何不仅影响学校，还会影响社会，这是由教师的职业特点决定的。教师的职业道德通过各种途径和方式影响整个社会，一方面，教师的职业道德通过学生影响家庭、单位以至整个社会；另一方面教师的道德人格以知识、智慧、情感、意志和信念等心灵力量为中介作用于学生的心灵深处，不但影响学生在校期间的成长，还通过学生的品德、个性、人格影响他的一生，进而影响社会的前途和未来。教师职业道德对社会风气的影响远比其他职业道德更广泛、更深远。有人曾说，有科学而无道德，是对灵魂的破坏。由于教师职业是培养人的高尚职业，教师要想更好地为社会主义现代化建设事业服务，就要用自己的言行做学生的表率，要多给学生正能量、正面影响，使其健康成长为社会之栋梁。从这个意义上看，师德修养对学生的成长意义深远。

三、教师职业道德规范是教师的行动向导

（一）师德规范要求教师具有健全人格

教师职业道德要求教师首先是一个人格健全的人。人格健全的人，具有正确的人生观和良好的道德品质，善于适应环境，人际关系良好，不以自我为中心，不感情用事，遇事善于客观辩证地分析，有解决矛盾或困难的能力和毅力，学习成绩良好，工作效率较高，能为人民、社会、国家作出更大贡献。教师之所以重要，就在于教师的工作是塑造人格、塑造灵魂的工作。一个人遇到好老师是人生的幸运，一个学校拥有好老师是学校的光荣，一个民族源源不断涌现出一批又一批好老师则是民族的希望。2014年9月9日习近平在《做党和人民满意的好老师——同北京师范大学师生代表座谈时的讲话》中明确指出："国家繁荣、民族振兴、教育发展，需要我们大力培养造就一支人格健全、师德高尚、业务精湛、结构合理、充满活力的高素质专业化教师队伍，需要涌现一大批好老师。"

教师的人格力量和人格魅力是成功教育的重要条件。"师也者，教之以事而喻诸德者也。"老师对学生的影响，离不开老师的学识和能力，更离不开老师为人处世、于国于民、于公于私所持的价值观。为此，教师必须遵守教师职业道德规范，培养健全人格。一个老师如果在是非、曲直、善恶、义利、得失等方面老出问题，怎么可能担负起立德树人的责任呢？为此，广大教师必须率先垂范，以身作则，引导和帮助学生把握好人生方向，特别是引导和帮助青少年学生扣好人生的第一粒扣子。陶行知先生说过，教师要"千教万教，教人求真"，学生要"千学万学，学做真人"。古语说的好，"师者，人之模范也"。教师的职业特性决定了教师必须是道德高尚的人群。合格的老师首先应该是道德上的合格者，好老师首先应该是以德施教、以德立身的楷模。教师是学生道德修养的镜子。好教师应该取法乎上，见贤思齐，不断提高道德修养，提升人格品质，并把正确的道德观传授给学生。每一位教师只有按照教师职业道德行为规范修炼自己的德行，健全自己的人格，尽职尽责，鞠躬尽瘁，才对得起人民赋予"人类灵魂工程师"这个光荣的称号。

（二）师德规范为教师提供了行动指南

《中小学教师职业道德行为规范》清清楚楚、明明白白地告诉教师要想做一个人民满意、学生满意的合格的人民教师，应该做什么，不应该做什么，……所有这些为梦想成为一位优秀教师的人指明了方向和道路，提供了行动指南。教师职业道德规范要求教师在思想道德品质方面必须坚持社会主义道路，坚持人民民主专政，坚持中国共产党领导，坚持马克思列宁主义、

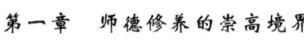

第一章　师德修养的崇高境界

毛泽东思想和中国特色社会主义理论体系,把民族精神和时代精神结合起来,要坚持道路自信、理论自信和制度自信,把个人成就和社会责任结合起来,在树立理想中规划人生,确立人生目标,形成正确的人生观、世界观和价值观,提高自己的思想品质、道德情操、个人修养和遵纪守法意识;在教书育人方面,要树立积极、勇敢、向上的精神和终身学习、认真工作、健康生活的信心,做一个讲道德、重品行、作表率的模范;在爱岗敬业方面,要立足本职,关爱每一个学生,具有高度的责任心和事业心,忠于职守,尽职尽责,做一个真正合格的人民教师。

总之,教师职业道德规范引导教师强化自我教育,加强自我约束,自觉践行社会主义核心价值观,弘扬高尚师德,坚持廉洁从教,把清正廉洁的要求内化于心、外化于形;引导教师在是非、善恶、曲直、义利、得失等方面做出表率,树立榜样;引导教师严于律己,自觉抵御各种外部干扰和诱惑,自觉抵制收受学生及家长礼品礼金等不正之风的干扰;帮助学生筑梦、追梦、圆梦,让一代又一代年轻人都成为实现我们民族梦想的正能量;引导广大教师用自己的行动倡导和践行社会主义核心价值观,提高学生的价值判断能力,引领学生健康成长成才。

(三) 师德规范为教师规定了行动底线

2014年,教育部出台了《中小学教师违反职业道德行为处理办法》和《严禁教师违规收受学生及家长礼品礼金等行为的规定》等文件,对师德师风提出了硬性规定和刚性要求,为规范教师行为画了一条红线。习近平总书记在北师大座谈会上的讲话中更是明确提出,对道德败坏、贪赃枉法的害群之马要清除出教师队伍并依法进行惩处。各级教育部门和各级各类学校要按照中央要求和教育部部署,进一步加大工作力度,严肃查处教师收受礼品礼金等突出问题,以实际成效取信于民。此后,虽然各地采取了有效措施,通过广泛开展整治教师收受学生及家长礼品礼金等专项行动,取得了一定成效。但是由于一些地方教育部门和学校责任意识不强,贯彻文件精神和要求不力,个别教师思想认识不到位,意志不坚定,心存侥幸,仍然不收敛不收手,违规收受甚至索要学生及家长礼品礼金,这就不可避免地触碰到了作为教师的行为底线。对此,教育部对一些教师收受礼品问题进行了重点督办,黑龙江省依兰县高级中学教师冯群超索礼收礼谩骂学生的事件具有典型性。

社会主义核心价值观与师德修养

【案例】

黑龙江省依兰县高级中学教师冯群超索礼收礼谩骂学生的事件

2014年9月10日,因学生未向任课老师赠送教师节礼物,依兰县高级中学高二年级十七班班主任冯群超在第八节课上对学生进行了长时间训斥和谩骂。冯群超离开班级后,该班学生每人凑钱1至5元,凑了395元,加上班费281元,共计676元,由5名学生到超市购买6箱牛奶送给包括冯群超在内的6名任课老师,共花费296元,剩余380元交给管理班费的同学。此前的9月5日,依兰县教育局开会传达教育部《严禁教师违规收受学生及家长礼品礼金等行为的规定》,要求各学校传达到每位教师,但该校对相关文件没有传达贯彻。教师节期间,该校34名教师接受学生赠送的茶叶、水杯、剃须刀、篮球、服装等各种礼品合计价值4084元,人均120.12元。哈尔滨市及依兰县有关部门依据相关规定,给予相关人员处分:给予冯群超撤销教师资格处分,清除出教师队伍;给予负有直接领导责任的依兰县高级中学校长、党总支书记宿金来党内严重警告、行政记大过处分,免去其校长和党总支书记职务;给予未尽到监督责任的依兰县高级中学党总支副书记王洁党内严重警告处分;给予负有重要领导责任的依兰县教育局局长、党委书记张振宇,依兰县教育局党委副书记陈凯文党内警告处分;给予未尽到监督责任的依兰县教育局纪委书记张市委党内警告处分;根据不同情节,对收受礼物的部分教师分别给予进行诫勉谈话、作出深刻检查和通报批评的处理。收受礼物的教师已将礼物退还学生,无法退回的折合钱款退回。负有重要领导责任的依兰县分管教育工作的副县长被给予行政警告处分。哈尔滨市纪委还责令依兰县委、县政府主要领导作出深刻检查,并对依兰县纪委书记进行了诫勉谈话。冯群超在课堂上谩骂学生并索要礼物的行为,严重违背作为一名教师应有的基本职业道德和操守,严重损害了教师队伍整体形象和职业声誉,对学生健康发展造成了难以估量的损害,产生了恶劣的社会影响。

(资料来源:《教育部关于黑龙江省依兰县高级中学教师冯群超 索礼收礼谩骂学生案件查处情况的通报》教监〔2014〕5号①)

黑龙江省依兰县高级中学教师冯群超索礼收礼谩骂学生的事件告诉我们,不管是谁,只要违规收受学生及家长礼品礼金等违反中小学教师职业道

---

① http://www.moe.edu.cn/publicfiles/business/htmlfiles/moe/s5972/201409/175372.html.

德的行为必将受到惩处。当下,加强师德修养,开展师德师风建设显得十分急迫。加强师德修养、开展师德师风建设尤其要注意与培育和践行社会主义核心价值观相结合,与深入开展党的群众路线教育实践活动相结合,与建立健全师德建设长效机制相结合,研究制定具体的实施方案和配套措施,建立健全领导责任制和工作机制,做到常抓不懈,警钟长鸣,深入持久地加强师德修养,开展师德师风建设。

第二节　社会主义核心价值观
——教师的精神支柱

习近平在同北京师范大学师生代表座谈时的讲话中明确指出:"广大教师要用好课堂讲坛,用好校园阵地,用自己的行动倡导社会主义核心价值观,用自己的学识、阅历、经验点燃学生对真善美的向往,使社会主义核心价值观润物细无声地浸润学生们的心田、转化为日常行为,增强学生的价值判断能力、价值选择能力、价值塑造能力,引领学生健康成长。"在今后很长一段时期内,思想道德建设领域的工作方向是培育和践行社会主义核心价值观。教师作为培养人才、文化传承的最重要主体,加强他们的社会主义核心价值观培育是思想政治教育的重要内容,并且必须始终贯穿于整个教育工作的全过程。培育和践行社会主义核心价值观是提升教师职业道德水平的最重要法宝,社会主义核心价值观是教师成长成才的精神支柱。

一、社会主义核心价值观的科学内涵

党的十八大提出:"倡导富强、民主、文明、和谐,倡导自由、平等、公正、法治,倡导爱国、敬业、诚信、友善,积极培育和践行社会主义核心价值观。"这是我们党对社会主义核心价值观的新认识。社会主义核心价值观中的"三个倡导"集中反映了国家、集体与个人三个层面的愿景与诉求,体现了中国共产党与中华民族高度的价值自觉与价值自信,是兴国之魂、立国之本与强国之基的有机统一,是党中央立足于现代化建设实践作出的具有重大意义的战略决策。

（一）社会主义核心价值观的产生及评价

1. 社会主义核心价值观的含义

社会主义核心价值观是社会主义核心价值体系的内核，是社会主义意识形态的核心内容，是社会主义价值追求的集中反映。它体现了社会主义核心价值体系的根本性质和基本特征，反映了社会主义核心价值体系的丰富内涵和实践要求，是社会主义核心价值体系的高度凝练和集中表达。①

2. 社会主义核心价值观的产生过程

社会主义核心价值观的产生经历了一个历史过程。

2006年10月，党的十六届六中全会第一次明确提出"社会主义核心价值体系"的科学命题，指出："马克思主义指导思想，中国特色社会主义共同理想，以爱国主义为核心的民族精神和以改革创新为核心的时代精神，社会主义荣辱观，构成社会主义核心价值体系的基本内容。"②

2007年10月，党的十七大报告又把"建设社会主义核心价值体系，增强社会主义意识形态的吸引力和凝聚力"作为"推动社会主义文化大发展大繁荣"重大战略的首要任务。

2011年10月，党的十七届六中全会审议并通过的《中共中央关于深化文化体制改革推动社会主义文化大发展大繁荣若干重大问题的决定》中特别强调，"社会主义核心价值体系是兴国之魂，是社会主义先进文化的精髓，决定着中国特色社会主义发展方向"。"坚持社会主义文化前进方向，必须以建设社会主义核心价值观体系为根本任务"，更是充分体现了"文化强国的核心是思想强国、精神强国、道德强国"的指导思想。③

2012年11月，党的十八大报告进一步明确提出了"三个倡导"的社会主义核心价值观，"倡导富强、民主、文明、和谐，倡导自由、平等、公正、法治，倡导爱国、敬业、诚信、友善"。这是对社会主义核心价值观的最新、最准确的概括。

从社会主义核心价值观形成的过程看，中国共产党对社会主义核心价值观的认识经历了一个逐渐深化的过程。

---

① 人民日报［N］．2013-12-24：1．
② http://cpc.people.com.cn/GB/64093/64094/4932424.html，2006-10-18．
③ 韩振峰．"最美精神"：社会主义核心价值体系的生动诠释［N］．光明日报，2012-07-07（11）．

第一章 师德修养的崇高境界

3. 对社会主义核心价值观的评价

从其理论基因来看，社会主义核心价值观渊源于马克思主义的"以人为本"理念和价值追求的基本理论；从其基本内容来看，社会主义核心价值观是中国共产党在认真总结改革开放以来思想文化领域和精神文明建设经验教训的基础上，把马克思主义基本原理与中国优秀传统文化相结合，同时又汲取了人类历史上的优秀文明成果，在逐渐深化对社会主义精神文明建设、社会主义核心价值体系认识的基础上，凝练并提出了社会主义核心价值观；从其地位来看，它是社会主义核心价值体系的灵魂，体现了社会主义的本质属性；从其产生与发展来看，它是在我国革命、建设与改革开放的实践中形成与发展起来的并引导我国健康发展的价值理念与目标；从其作用与功能来看，它从更深层次影响着人们在社会主义现代化建设实践中的思维方法与行为方式。

（二）社会主义核心价值观的基本内容

党的十八大提出，倡导富强、民主、文明、和谐，倡导自由、平等、公正、法治，倡导爱国、敬业、诚信、友善，积极培育和践行社会主义核心价值观，表明富强、民主、文明、和谐是国家层面的价值目标，自由、平等、公正、法治是社会层面的价值取向，爱国、敬业、诚信、友善是公民个人层面的价值准则，这12对范畴24个字是社会主义核心价值观的基本内容。从国家、社会和个人三个层面规范了我们对核心价值的追求，反映了全国各族人民共同的价值诉求与理想信念，具有鲜明的中国特色，构成了一个具有紧密联系的逻辑整体。

1. 国家制度层面：倡导富强、民主、文明、和谐

富强、民主、文明、和谐是中国特色社会主义的价值目标，反映了中国特色社会主义在精神与价值层面的内在规定性，体现了社会主义政治、经济、文化、社会与生态全方位的价值诉求。在社会主义核心价值观中居于最高层次，对其他层次的价值理念具有统领作用。

（1）富强是中国特色社会主义经济建设的核心价值。富强即民富国强，是社会主义现代化国家经济建设的应然状态，是中华民族梦寐以求的美好夙愿，是国家繁荣昌盛、人民幸福安康的经济基础，同时也是办好我国国民教育的经济基础，是广大教师能够择教、执教、安教、喜教和乐教的经济保障。

（2）民主是中国特色社会主义政治建设的核心价值。民主是人类社会的美好诉求。民主既是一种保证人民当家作主的政治制度，又是一种体现人民

民主的价值理念。作为一种价值理念，民主已经成为人类普遍追求的政治价值。当然，在不同国家和地区其价值主体是不同的。中国特色社会主义民主的本质是人民当家作主，人民民主是中国特色社会主义的生命，也是创造广大人民美好幸福生活的政治保障。对于教师来说，民主是办好教育和教书育人的政治保障，同样也是广大教师必须树立的教育教学理念。

（3）文明是中国特色社会主义文化建设的核心价值。文明是社会进步的重要标志，是社会主义现代化建设的重要组成部分，彰显了社会主义的内在诉求。① 文明是社会主义现代化国家文化建设的应然状态，是对面向现代化、面向世界、面向未来的，民族的科学的大众的社会主义文化的概括，是实现中华民族伟大复兴的重要支撑，而教师则是社会主义物质文明和精神文明最重要的传播者和宣讲者。

（4）和谐是中国特色社会主义社会建设与生态建设的核心价值。和谐不仅是中国传统文化的基本理念，而且是人类现代文明的灵魂与核心，是社会主义现代化国家在社会建设领域的价值诉求，是经济社会和谐稳定、持续健康发展的重要保证。它集中体现了社会学有所教、劳有所得、病有所医、老有所养、住有所居的生动局面。社会主义在本质上是和谐的社会，必须以和谐为目标，倡导与培育社会主义的社会价值观与生态价值观，更好地协调人和人、人和社会、人和自然的关系，建设高度发达的社会主义和谐社会。教师要身心和谐，同时也要努力创造和谐校园、和谐班集体，进而促进社会主义和谐社会的建设。

2. 社会集体层面：倡导自由、平等、公正、法治

自由、平等、公正、法治，是对美好社会的生动表述，体现了马克思主义的基本要求，是从社会层面对社会主义核心价值观基本理念的凝练。它反映了中国特色社会主义的基本属性，是我们党矢志不渝、长期实践的核心价值理念。

（1）自由是社会主义的终极价值。自由是指人的意志自由、存在和发展的自由，是人类社会的美好向往；自由也是马克思主义追求的社会价值目标，是人类对美好社会的憧憬与共同追求，是社会主义的价值指向与价值旨归。作为教师向往自由，同样要给予学生一定程度的自由，让他们自由地学习，自由地探讨问题，根据自己的兴趣爱好自由地选择自己的职业，这样才

---

① 石国亮. 社会主义核心价值观十讲：党员干部读本［M］. 北京：人民日报出版社，2014：65-66.

第一章 师德修养的崇高境界

能真正实现人尽其才，物尽其用，才能真正实现人人有事做、事事有人做的教育价值目标。

（2）平等是社会主义社会的基本前提。平等是人类不懈的社会价值追求，是社会主义的重要价值导向。社会主义的平等要求尊重与保障人权，法律面前人人平等，人人享有平等参与、平等发展的权利，共享改革发展的成果。对教师而言，平等是教师应该遵守的一项重要原则，但平等又不等于平均，平等是人格上的平等，而不是均衡地分配教学资源和教学时间，统一教学内容和教学模式恰恰是不平等；平等是建立在差异上的平等，因材施教，有教无类才是真正的平等。

（3）公正是社会主义社会的首要价值。公正的本质含义是公平与正义。社会公正是人类社会发展的终极目标，它以人的解放、人的自由平等权利的获得为前提，是国家、社会应然的根本价值理念。它是社会主义本质的内在诉求，也是维护社会主义社会可持续发展的价值要求。教师的教育公正，是指教师在教育和教学过程中，公平合理地对待和评价每一个学生。可以说，教师公正是教师职业道德素养高低的重要标志。

（4）法治是实现自由、平等、公正的制度保证。法治是治国理政的基本方式，建立法治国家已成为当代许多政治家的不懈追求。作为当代人类的核心价值理念，法治不仅意味着用法律治理国家，而且意味着在法律面前人人平等。依法治国是社会主义民主政治的基本要求。它通过法制建设来维护和保障公民的根本利益，是实现自由、平等、公正的制度保障。对于教师来说，只有依法治教，才能用法律来保障教师和学生的合法权利不受侵害。真正做到有法可依，有法必依，执法必严，违法必究。加强法制教育要从青少年身边的事件做起，通过科学全面的法制教育增强青少年的国家意识、权利与义务意识和知法守法用法的意识，为青少年的健康成长创造一个和谐、向上的法制环境。

3. 公民个人层面：倡导爱国、敬业、诚信、友善

爱国、敬业、诚信、友善，是我国公民应遵循的基本道德准则，是从个人行为层面对社会主义核心价值观基本理念的凝练，是中华民族传统美德、社会主义道德与中国共产党人革命道德的精华，也是我们党对马克思主义公民道德与价值理念的新发展。它覆盖社会道德生活的各个领域，是公民必须恪守的基本道德准则，也是评价公民道德行为选择的基本价值标准。

（1）爱国是公民的社会美德。爱国就是热爱自己的祖国。它是每个公民重要的政治原则，是中华民族的精神支柱；是民族精神的核心所在，是促进民族团结和融合的重要力量。爱国是基于个人对自己祖国依赖关系的深厚情感，也是调节个人与祖国关系的行为准则。它同社会主义紧密结合在一起，要求人们以振兴中华为己任，促进民族团结、维护祖国统一、自觉报效祖国。作为教师，更应该培养坚定的爱国主义情感，同时要教育学生爱国不是抽象的，而是具体的，爱国表现在爱自己的亲人朋友，爱自己的家乡，爱祖国的大好河山，爱祖国的语言，保守国家秘密等等，这些都是爱国主义的具体体现。

（2）敬业是公民重要的职业道德。敬业是对公民职业行为准则的价值评价，是职业道德的集中反映。它是动员、鼓舞与推动社会发展的无形力量，要求公民忠于职守，克己奉公，服务人民，服务社会，充分体现了社会主义职业精神。教师的敬业精神是教师爱业、勤业、乐业、精业、创业的基本品质。现代教育家陶行知先生"捧着一颗心来，不带半根草去"，放下高官不做，脱下西装不穿，到乡下办农村教育、人民教育；吴玉章的一句"春蚕到死丝方尽，一息尚存须努力"的普通言语，表达了一位人民教育家对教育事业的孜孜追求，对党和人民教育事业的无比热爱与忠诚。这些教育家们敬业奉献的事业心和责任感，无愧于"人类灵魂工程师"这一光荣称号，也为后来人树立了不朽的师德风范。

（3）诚信是公民的基本德性。诚信即诚实守信，是中华民族的传统美德，是中国人引以为豪的道德品质，也是社会得以有序运行的伦理基础。从道德范畴来讲，诚信即待人处事真诚、老实、讲信誉，一言九鼎，一诺千金。《说文解字》解释，"诚，信也"，"信，诚也"。可见，诚信的本义就是要诚实、诚恳、守信、有信。诚信是立身处世的准则，是人格的体现，是衡量个人品行优劣的道德标准之一。对于教师而言，诚信是师德的基本要求，是教师从业的基础。作为一名教师，要以身作则，为人师表，要"言必信，行必果"，建立起与学生间的诚信桥梁。诚信是师德修养的根本，是教师从事教育教学获得成功的金钥匙。

（4）友善是公民的善良和宽容凝聚的一种宽厚的德性。友善即与人为善，是人和人之间应如何相处的基本规范，也是公民道德的重要内容。友善强调公民之间应互相尊重，互相关心，互相帮助，和睦友好，努力形成社会主义的新型人际关系。对于教师而言，友善不仅是一种教学态度，而且是一种重要师德素养，以平等、诚挚、友善的态度对待每一个学生，是每一名教师都应恪守的师德信条。

总之，社会主义核心价值观的三个层面是有机统一、密不可分的逻辑整体。"三个倡导"相互联系，相互贯通，体现了国家、社会与个人在价值目标上的统一。如果没有国家的"富强民主文明和谐"，便没有社会的"自由平等公正法治"，更谈不上个人的"爱国敬业诚信友善"。反之，只有人人都能做到"爱国敬业诚信友善"，才能够实现社会的"自由平等公正法治"，进而实现国家的"富强民主文明和谐"。因此，"三个倡导"之间是内在融贯的统一体，哪一层面都是不可或缺的。

二、社会主义核心价值观的基本特征

通过对社会主义核心价值观科学内涵的分析，我们不难发现社会主义核心价值观具有先进性、开放性、民族性和人民性等四个基本特征。

（一）社会主义核心价值观的先进性

先进性是社会主义核心价值观的本质属性。社会主义核心价值观的先进性是由中国共产党的宗旨和两个先锋队性质决定的，中国共产党依靠坚持不懈地开展自身建设来保持其两个先锋队性质。"三个倡导"的社会主义核心价值观，坚持以马克思主义为指导思想，把实现人的自由全面发展作为社会发展的根本目的，把集体主义及全心全意为人民服务作为实现社会主义现代化的价值准则，把实现社会主义和共产主义作为社会发展的远大理想。这集中体现了社会主义核心价值观的先进性。可见，社会主义核心价值观作为一个民族向上的精神追求与思想的升华，其先进性不断鼓舞、激励、鞭策着人们努力为之奋斗。

（二）社会主义核心价值观的开放性

世界是一个普遍联系的统一整体，当今世界是一个开放的世界，任何一种民族的文化都不是孤立存在和发展的。因此，作为中华民族文化精髓的社会主义核心价值观，也不可能是孤立存在和发展的，它也是一个动态的、不断变化的、开放的观念体系。社会主义核心价值观的开放性主要表现在四个方面：一是与时俱进。社会主义核心价值观理论内容和思想形式都会随着时代的发展而不断发展，它是一个开放的而不是封闭的价值体系。二是包容性。社会主义核心价值观强调"尊重差异、包容多样"，做到既坚持自身在多元价值观中的主导地位，又能平等地对待各种不同价值观的存在与发展，还能从各种不同价值观中汲取有价值的思想食料，不断丰富和完善自己，以更好地适应时代的发展。三是理性。社会主义核心价值观理性、科学地分析社会上存在的各种价值观，既尊重价值观念的多样性，又能在多样中确立主导地位，自觉以社会主义核心价值观引领各种社会思潮。四是表述的开放性。社会主义核心价值观内涵概括采取的是一种开放而未定性与定论的表达方式，为社会主义核心价值观的进一步凝练、概括和总结留下了充分余地与广阔空间。①

（三）社会主义核心价值观的民族性

民族、国家存在和发展的基础就是文化的民族性。越是民族的国家的文化，就越是世界的。价值观是文化的核心与灵魂，因而价值观具有民族性。正是由于这样的民族性特征，奠基于中华民族在长期生产实践中积累起来的中华民族优秀历史文化，形成了社会主义核心价值观，使得"三个倡导"的社会主义核心价值观能够获得全国各族人民的广泛认同，体现出中华民族最深层的价值追求，成为全民族的共同精神财富，对中华民族的伟大复兴发挥着巨大的指导和凝聚作用。可见，社会主义核心价值观的民族性是指其产生与形成建立在社会主义国家民族优秀文化传统之上，它凝聚了各族人民的根本利益，反映了人民的共同心愿，具有鲜明的民族特色与广泛的群众基础，是中华民族区别于其他民族的根本标志。坚持社会主义核心价值观的民族性特征，关键就是要加强中华民族优秀文化传统教育，发扬爱国主义精神。既要反对民族文化复古主义倾向，也要反对民族文化虚无主义倾向。要全面、科学地认识传统文化，学会批判地继承优秀文化遗产，对其进行去粗取精，去伪存真，推陈出新，努力建设和传统美德相承接的社会主义核心价值观。

（四）社会主义核心价值观的人民性

由于人民群众是历史的创造者，所以人民性就是指社会主义核心价值观的价值取向与追求是以人民根本利益为最终目的。"党的领导、党的一切工作，都要依靠人民，相信人民，汲取人民的智慧，尊重人民的创造，接受人民的监督。这里既有共产党人的世界观、人生观、价值观，也有共产党人的工作方法。我们要求各级领导干部想群众之所想，急群众之所急，做群众之所需，诚心诚意为广大群众谋利益，道理正在这里。个人的工作有成绩，首先应归功于人民，归功于党……人民，只有人民，才是我们工作价值的最高裁决者。"② 这就是说，社会主义核心价值观的价值主体是人民，以人民为最高的价值主体和评价主体，以人民的利益和需求为最高的价值标准和评价标准。社会主义核心价值观的人民性就是它"所特有的价值取向，它的全部信念、信仰和理想的出发点和落脚点就是自觉地、无条件地站在人民群众的

---

① 孙杰. 当代中国社会主义核心价值观研究［D］. 中共中央党校，2014. 04. 01-98-99.
② 江泽民. 论有中国特色社会主义［M］. 北京：北京中央文献出版社，2002：637-638.

第一章 师德修养的崇高境界

立场上,忠实地代表人民的利益、忠实地贯彻人民的意志,去争取实现人类自身的彻底解放和美好前途"①。

三、社会主义核心价值观是教师的精神支柱

"你们走过半个地球,最后在小山村驻足,你们要开一扇窗,让孩子发现新的世界,废寝忘食,乐以忘忧,夕阳最美、晚照情浓,信念比生命还重要的一代,请接受我们的敬礼……"这是2014年在央视感动中国颁奖晚会上,主持人敬一丹深情宣读对朱敏才和孙丽娜的颁奖辞。朱敏才、孙丽娜夫妇等2014年感动中国的"最美乡村教师",他们崇高的师德修养,为教师自觉践行社会主义核心价值观树立了榜样。

(一) 社会主义核心价值观有助于教师培养崇高品德

中国共产党的先锋队性质决定了"三个倡导"的社会主义核心价值观的崇高价值目标是实现没有剥削、没有压迫,人人自由、平等而又全面发展的共产主义社会。这样的美好价值目标有助于教师爱岗敬业,无私奉献,不怕牺牲,培养高尚的师德,从而更加坚定自己的政治信念,坚持党的基本路线不动摇,更加坚定不移地坚持"四项基本原则",大力弘扬先进文化主旋律,为提升国家文化软实力,建设社会主义文化强国,为实现中华民族伟大复兴的中国梦而贡献力量。2014年"最美乡村教师"秦开美老师用自己平凡而伟大的事迹为我们阐释了社会主义核心价值观有助于培养教师崇高品德的道理。

【案例】

2014年"最美乡村教师"秦开美

秦开美老师入选2014年"最美乡村教师"的理由是:"面对歹徒,她首先选择了留下;因为她知道,作为一名人民教师,她的身后,是52名需要她保护的学生;她为救学生舍生忘死,义勇兼备,她在关键时刻沉着冷静,挺身而出。她用责任与担当,在生死关头,谱写了一曲爱与勇气的赞歌。"其实1988年秦开美开始在浩口镇柳洲村小学当民办教师,她爱岗敬业,教毕业班语文教得非常好。好景不长,1994年浩口镇柳洲小学停办,但由于秦开美的语文教学水平在浩口管理区小有名气,于是浩口镇第三小学聘请她作代课教师。秦开美老师就这样任劳任怨地坚持了下来。26年来,秦开美

---

① 李德顺. 邓小平人民主体价值观思想研究 [M]. 北京:北京出版社,2004:101.

社会主义核心价值观与师德修养

错过两次转正机会,一次因年龄太小,一次因年龄太大。县城一所私立学校以高薪聘请她,被她拒绝了。她念旧,不愿离开待了十几年的浩口镇第三小学。2014年6月10日上午,身带自制炸药、手枪和汽油的农民张泽清闯进秦开美的课堂,将她和52名学生劫持。在此后的40分钟里,秦开美与张泽清周旋,主动留下来当人质,让所有学生安全撤离。秦开美被网友赞为"最美女教师"。秦开美老师用自己的实际行动诠释了作为一名教师的崇高品质,成为了践行社会主义核心价值观的榜样。

(资料来源:秦开美、王林华:无畏生死 责任与担当比生命更重要)[①]

(二) 社会主义核心价值观有助于教师树立"三个面向"观念

世界是一个普遍联系、开放的世界,世界上不存在任何孤立的东西。社会主义核心价值观同样是开放的、动态的体系,社会主义核心价值观的开放性,具体表现在与时俱进、包容性、理性、表述的开放性。社会主义核心价值观的这种开放性要求教师树立"教育要面向现代化、面向世界、面向未来"的观念,准确把握我国教育改革与发展的指导思想和改革方向,确切理解建设中国特色社会主义对教育的客观要求,确定我国新时期迎接和适应世界新技术革命的总对策。

"三个面向"实质上就是要"立足传统,面向现代化;立足中国,面向世界;立足当今,面向未来"。教育要面向现代化,就是要面向中国特色的社会主义现代化,强调我们的现代化是在中国近代化以及中国古代优秀文化的基础之上发展起来的,它具有鲜明的民族传统特色。教育要面向世界,是说教育的改革与发展不仅要着眼于中国,还要放眼世界,一方面,要求教育要为我国的对外开放方针、政策服务;另一方面,也要求教育自身的对外开放。教育要面向未来,即教育要为未来社会培养人才,强调教育发展的超前性和教育为未来经济社会发展服务的功能,其核心在于教育为未来的发展储备人才。"三个面向"是不可分割的统一整体,"三个面向"统一于一个目标,就是主动有效地服从和服务于中国特色社会主义现代化建设;统一于一个过程,就是探索中国特色社会主义教育的办学模式,"三个面向"的内容各有侧重,其中,"教育要面向现代化"是核心,是基础。它要求教师要主动适应和服务于我国社会与经济的发展需求。一方面,现代化是社会主义建

---

① http://www.jcrb.com/xztpd/2014zt/SYZT/2014zyrwwltp/2014ZGZYRW/201501/t20150126_1472207.html.

第一章 师德修养的崇高境界

设的整体方向和战略目标,教育是社会整体的组成部分,担负着为现代化建设培养合格人才的历史重任,所以教育理应"面向现代化";另一方面,是指教育的基本功能,即教师要为社会主义培养"有理想、有道德、有知识、有纪律"的四有新人。而培养"四有"新人就是要更好地进行社会主义现代化建设。① 因此,我们的教育要与中国特色的经济建设和社会进步相一致,要求教师要主动适应和服务于我国社会与经济的发展,要服务于中国特色社会主义现代化建设的需要,培养和造就数量充足、质量合格、结构合理的社会主义建设者,努力提高我国公民的科学、文化和思想道德素质。

(三)社会主义核心价值观有助于教师增强民族荣誉感

上面分析表明,社会主义核心价值观具有强烈的民族性特征。坚持社会主义核心价值观的民族性特征,关键就是要加强中华民族优秀文化传统教育,发扬爱国主义精神。既要反对民族文化复古主义倾向,也要反对民族文化虚无主义倾向。要全面、科学地认识传统文化,对优秀文化遗产要进行辩证否定即扬弃,汲取其民族性的精华,去除其封建性的糟粕,努力建设和传统美德相承接的社会主义核心价值观。可见,社会主义核心价值观有助于我们增强民族文化认同感,从而增强教师的民族荣誉感。

我国是一个多民族的国家,在几千年的历史长河中,居住在中原地区的汉族和周边的少数民族,以中原地区为核心,汇聚成为统一、稳固的中华民族。各民族历经迁徙、贸易、婚嫁,以及碰撞、冲突之后,交往范围不断扩大,融合程度不断加深,逐步形成了你中有我、我中有你,大杂居、小聚居、交错杂居、共生互补的格局。在各民族共同开拓祖国的疆域、共同捍卫祖国的统一、共同推动祖国经济文化发展的过程中,中华民族共同的文化和心理特征逐渐形成,并不断强化。特别是近代以来,各民族在抵御外来侵略和长期革命斗争中,形成了生死相依、休戚与共的民族荣誉感。新中国建立以后,民族团结是社会主义民族关系的基本特征和核心内容之一,也是中国共产党和国家所追求的目标。

马克思曾给我们描绘了共产主义的美好前景,那个社会将是一个物质财富和精神财富极为丰富的社会,是一个"人的全面发展"的社会。由于人的全面发展是以人的解放为前提的,所以我们大力发展经济消除各个地区特别是广大民族地区的贫困以实现人的解放;加快各个地区特别是广大民族地区政治体制改革,使各个地区共同走向民主、法治,消除专制、人治,以实现

---

① http://wenku.baidu.com/view.

人的解放；追求各个地区物质财富和精神财富的极大丰富以实现人的解放；追求各民族人人平等、公平正义，消除民族差别，以实现人的解放，等等。所有这些，有助于我们切实增强中华民族文化认同感，从而增强教师的民族荣誉感。

（四）社会主义核心价值观有助于教师培育生本意识

社会主义核心价值观明确指出，社会主义民主的本质与核心是人民当家作主。我国是人民民主专政的社会主义国家，国家的权力是人民赋予的，因此要接受人民的监督；国家权力也要对人民负责，保障与维护人民的自由和权利不受侵犯。历史唯物主义告诉我们，人民是社会物质财富和精神财富的创造者，人民的衷心拥护与支持，人民主动性积极性创造性的发挥，是建设中国特色社会主义的不竭动力。社会主义核心价值观的价值取向与追求是以人民根本利益为最终目的。社会主义核心价值观的人民性要求党和国家的一切工作都要从人民的利益出发，都是为了实现最广大人民群众的根本利益。对教师而言，社会主义核心价值观的人民性要求一切教学活动都要从学生的利益出发，都是为了实现最广大学生的根本利益。可见，社会主义核心价值观有助于培育教师的生本意识，始终将学生视为最高的价值主体，视学生利益高于一切，努力实现学生的根本利益，切实维护学生的自由和权利。以生为本，体现在学校的教育教学过程中要真正做到"一切为了学生，为了一切学生，为了学生的一切"。2014年最美乡村教师贺红莲的事迹，为我们生动地阐释了"以生为本"的理念。

【案例】

2014年最美乡村教师贺红莲

慈母情怀演绎深厚师生情——

"爱自己的孩子是人，爱别人的孩子是神。"贺红莲说，我虽然不是神，但我要把爱学生当做教师生涯的起点，把关心学生作为日常工作和生活的必修课。

炎炎夏日，贺红莲拿来自家的电风扇，给在教室里学习的学生带来凉风；她在自己家里熬好绿豆汤，端到教室，给学生们送去清凉。酷寒严冬，她做好午饭，请来家远的学生，让他们吃上热腾腾的饭菜；她打好豆浆送到班里，让孩子们喝上一小碗，暖和暖和受冻的身子。秋冬交替时节，天干物燥，她每天烧好开水，送到学生们手中，为的是让他们去火消热，健康无恙。

老师们记得，近几年来，每逢周二的中午，贺老师家的电脑都会准时打开，连上网线，插上摄像头。一个男孩坐在电脑前，笑逐颜开。他对着屏幕

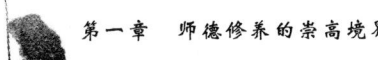
第一章 师德修养的崇高境界

说着什么,并不时发出纯真的笑声。对贺老师来说,这个叫王亚飞的学生能这样谈笑风生,那真是莫大的安慰!要知道,这个学生因父母常年在外打工,曾经性格孤僻,沉默寡言,对学习兴趣不大。而今,贺老师让他每周与父母通过网络见面的努力终于有了结果:王亚飞爱说了,爱笑了,爱学习了。这怎能不让贺老师倍感欣慰!

一位叫心静的女生记得,她患重度便干症需要悉心照料时,贺老师像慈母一样,不仅让她住在老师家里,每餐调理饮食,而且不嫌脏累,每晚都用开塞露给她灌肠。多少次,看着被自己弄脏的被褥面露尴尬时,贺老师总是摸着她的头,说:"傻孩子,没事的,洗洗就好了。"就这样,直到病好,贺老师才放心让该生回家去住。

学生贺玉成的家长记得,在贺玉成遭遇车祸而昏迷的一个多月里,贺老师先后十几次到医院和距学校七里之遥的家里看望。多少次,贺老师坐在床头轻声呼唤;多少次,贺老师和昏迷的孩子倾心相谈。为解学生家里的燃眉之急,贺老师还带头捐款,并发动全班学生捐资近千元。当贺玉成在众人的期盼中醒来却严重失忆后,贺老师又买来故事书、音乐光盘等,指导家长通过讲故事、播放音乐,来唤醒孩子的记忆。

不是亲人胜似亲人,不是母亲胜似母亲。贺红莲把无限的爱与关心送给了她的学生。她像一枝红烛,给学生的心灵带来了温暖和光明;她如一朵红莲,把美丽和馨香献给了周围的人;她似一场甘露,滋润着校园里的一颗颗幼苗!

钢铁意志铸就校园不倒神话——

对于一个热爱教育、热爱教学、热爱学生的老师来说,让她离开教室,离开学生,无疑是一种痛苦的折磨。

2009年9月,贺红莲不慎摔倒造成膝关节髌骨骨折,作为八年级(2)班的班主任,她实在不忍心丢下班里的57个孩子。

卧床治疗的一个多月里,贺老师每天都在关注着班里的学生。她把班干部会议放在家里召开,及时了解学生动态,精心布置班级工作,每周两次,雷打不动。她还把成绩暂时落后的学生请到家中,给他们谈心、补课、辅导作业……

(资料来源:乡村女教师贺红莲的动人事迹)[1]

---

[1] http://yingyu.100xuexi.com/view/otdetail/20130520/757e1dd8-c0ff-4915-ad2b-7db37a38c814.html.

社会主义核心价值观与师德修养

  贺红莲老师不会讲大道理，但她却用行动告诉了我们，从最微不足道的小事做起，从自身做起，自觉践行社会主义核心价值观。她心里时刻装着学生，想学生之所想，急学生之所急，犹如一支夏日荷塘里亭亭玉立的红莲，以自己的美丽心灵浸染着每一位学生，以自己的辛勤汗水浇灌着每一位学生，以自己的忘我付出成就着每一位学生，真正为我们树立了以生为本、爱生如子的教师楷模形象。

第二章　师德修养的价值标杆

第 二 章
师德修养的价值标杆

【本章内容提要】

从社会主义核心价值观与师德修养的结合方面阐述了师德修养的价值标杆，这一章由三节组成，分别从国家、社会和公民三个层面阐述师德修养的价值目标、价值取向和价值准则。

社会主义核心价值观与师德修养

教师要加强师德修养，必须积极培育社会主义核心价值观。这是因为社会主义核心价值观既体现了社会主义的本质要求，又蕴含着中国传统文化的价值精髓，为师德修养统一了价值目标和思想基础，也提供了师德修养的基本道德规范。因而教师要用社会主义核心价值观引领师德修养。以富强、民主、文明、和谐作为师德修养的价值目标，以自由、平等、公正、法治作为师德修养的价值取向，以爱国、敬业、诚信、友善作为师德修养的价值准则。这三个部分相互联系，相互贯通，实现了国家、社会和个人在价值上的融贯统一，兼顾了国家、社会和个人三者的价值愿望和价值追求。

# 第二章 师德修养的价值标杆

第一节 师德修养的价值目标
——富强、民主、文明、和谐

价值目标，是主体对客体需要的超前反映，是价值关系的理想化状态，是价值行为的目的。价值目标的设定对人类的价值行为具有重大的指导意义。价值行为是实现价值目标的手段，主体的一切活动都要围绕着价值目标旋转。[①]

社会主义核心价值观 24 个字，"三个倡导"，首先强调的是价值目标，并且将价值目标定在社会主义国家的建设目标上。社会主义国家的建设目标是：富强、民主、文明、和谐。"富强、民主、文明、和谐"，是从价值目标层面对社会主义核心价值观基本理念的凝练，在社会主义核心价值观中居于最高层次，对其他层次的价值理念具有统领作用。[②]

一、师德修养的价值目标——富强

我国社会主义建设目标的 8 个字"富强、民主、文明、和谐"，"富强"排在首位，说明富强在国家建设中是基础，有了"富强"的基础，才能实现"民主、文明、和谐"的建设目标。

（一）正确理解富强价值目标，坚持经济建设

1. 理解富强的概念

富强即国富民强，富强是社会主义现代化国家经济建设的应然状态，是中华民族梦寐以求的美好夙愿，也是国家繁荣昌盛、人民幸福安康的物质基础。

2. 了解富强的由来

追求富强，在西方，从工业革命开始。工业革命（The Industrial Revolution）开始于 18 世纪 60 年代。经过工业革命，资本主义生产完成了

---

① http://www.cnki.com.cn/Article/CJFDTotal-ZXDT199008010.htm．
② 中共中央办公厅印发．关于培育和践行社会主义核心价值观的意见．新华网．2014-05-29．

社会主义核心价值观与师德修养

从工场手工业向机器大工业过渡的阶段。正如马克思、恩格斯在《共产党宣言》中所描述的："资产阶级在它的不到一百年的阶级统治中所创造的生产力，比过去一切世代创造的全部生产力还要多，还要大。自然力的征服，机器的采用，化学在工业和农业中的应用，轮船的行驶，铁路的通行，电报的使用，整个大陆的开垦，河川的通航，仿佛用法术从地下呼唤出来的大量人口，——过去哪一个世纪料想到在社会劳动里蕴藏有这样的生产力呢？"

追求富强，在中国，一开始就一直存在。千百年来，取得了辉煌的业绩，也有着沉痛的教训。汉代休养生息，让群众享有更多发展果实，迅速实现了国富兵强，"非遇水旱，则民人给家足，都鄙廪庾尽满，而府库余财。京师之钱累百巨万，贯朽而不可校"。唐宋更是达到了中国的盛世。唐朝"小邑犹藏万家室。稻米流脂粟米白，公私仓廪俱丰实"。宋代"在社会生活、艺术、娱乐、制度、工艺技术诸领域，无疑是当时最先进的国家，具有一切理由把世界上的其他地方仅仅看作蛮夷之邦"。中国人以富国强民为己任，前仆后继。洋务运动提出了"以中国伦常名教为原本，辅以诸国富强之术"的富强观，主张兴利、重商、求富，大力发展实业。维新运动的领袖提出了要"变法图强"，学习西洋的政治教育体系，致国强盛、致民强健的思想。孙中山先生领导的资产阶级革命，提出了"振兴中华"的口号，主张实业救国，发展经济，富强国家。

中华人民共和国成立后，作为临时宪法的《中国人民政治协商会议共同纲领》总纲中，"为中国的独立、民主、和平、统一和富强而奋斗"就有"民主"和"富强"的价值取向。

改革开放初期，党的十二大报告上提出了"要把我国建设成为现代化的、高度文明、高度民主的社会主义国家"，在把党的工作中心转到经济建设的同时，强调精神文明与物质文明一起抓。

党的十五大报告中，国家层面的奋斗目标表述为"建设成为富强、民主、文明的社会主义国家"。

十六大后，党中央提出了构建社会主义和谐社会的战略目标，把民主法治、公平正义、诚信友爱、充满活力、安定有序以及人与自然和谐相处作为这一社会的基本特征，并提出了社会主义核心价值体系作为建立和谐社会和文化强国的兴国之魂。

为了更好地面对改革开放和发展社会主义市场经济条件下思想意识多元多样多变的新特点，凝聚全党全社会的价值共识，经过十八大进一步概括提炼，形成了作为社会主义核心价值体系内核的社会主义核心价值观，即：国

第二章 师德修养的价值标杆

家层面上的富强、民主、文明、和谐,社会层面上的自由、平等、公正、法治,公民层面上的爱国、敬业、诚信、友善。

3. 树立正确的富强观

马克思说物质决定意识,经济是基础。没有富足的经济基础,就没有强大的国防;没有经济力量做支撑,就难以开展科研文化工作;没有强大的金融后盾,就无法形成世界影响力。所以,社会主义核心价值观,首推"国富民强"。唯有"国富民强"才能体现社会主义的优越性,才能体现社会主义道路选择的正确性。

虽然我国取得的经济成就是举世瞩目的,但是现实的情况也让我们忧心忡忡:由于各种原因,2015年初以来,呈现出比较明显的通货紧缩现象,经济相对低迷,如因经济周期和盲目投资造成的产能过剩、消费心理倾向发生变化所引起的需求疲软、外部经济环境恶化导致的出口下降。而且,中国底子弱,据2014年国家统计局公布的数据,我国GDP总值全球排名前10,但人均GDP在世界上排在90名左右。所以,我们要以国家富有,国民强盛作为自己的奋斗目标,坚持经济建设,为自己的今天而战,为国家的明天而奋斗。

4. 防止"一切向钱看"

改革开放以来,人们对金钱的认识经历了一个摆脱极"左"、教条、僵化的思维模式的变化过程。在"以阶级斗争为纲"的年代,人们谈钱色变。"宁要社会主义的草,不要资本主义的苗",就是这种思想意识的典型表述。改革开放,彻底打碎了人们的思想枷锁,一句"贫穷不是社会主义",一句"让一部分人先富起来",一个"建设四个现代化"的目标,一项"以经济建设为中心"的决策,在慢慢开启着唯物主义者实事求是的金钱观、财富观。于是乎,金钱开始"升帐"了。

我们可以说:没有钱是不行的,但一切以金钱为导向肯定是万万不行的。古今同理,中外皆然。金钱可救人于水火,但也能将人置于水火之中。事实上,纵观古今中外,有见识、有胸襟、有眼光的各界人士,都不是"一切向钱看"的势利之徒;相反,他们靠奉公守法积累财富,他们奉献爱心反哺社会。社会主义是要物资富足,让人衣食住行都有物质支持,让人精神享受都有物质保障。但是我们的"国富民强"不能陷入"一切向钱看"的泥淖,不能走入"金钱万能"的怪圈。我们的国家富有,不仅体现在金钱上,更体现在国家的综合力量上,体现在国民的综合素质上。我们要越过逐利的短视,放眼国家和人民的长期利益,实现全面建成小康社会和社会主义现代

社会主义核心价值观与师德修养

化的宏伟目标。

（二）教师应具有建设意识，促进国富民强

1. 教师应具有建设意识

教师，常被形容为人类灵魂的雕刻师，人类发展的启蒙者。作为这样一个团队，如何认清自己在社会中的地位，认清自己对国家建设承担的责任，是每个教师应当厘清的大事。

2014年全国教书育人楷模葛华钦，用他自己的生活诠释了教师的教育责任和社会责任。

【案例】

2014年全国教书育人楷模葛华钦

南京溧水区特殊教育学校创建于1986年，原名"溧水县聋哑学校"，起初只有18名聋孩子，3名教师。2001年，学校开垦荒山800亩（约53.4公顷），开展残疾人生产自救，建成溧水特校实验基地，这在江苏省是最早的一家。2008年，学校创办农业职业中专，形成"教育—培训—就业"一体化办学模式，现有27名残障毕业生在此就业，这在全国是最早的一家。2014年，学校基地被确定为首批"国家级残疾人职业培训基地"，这是目前全国残疾人职业培训基地中最大的一家。

经过多次深入调查论证，葛华钦做出决定：学校依靠政府，但不能依赖政府，创办实验基地，让残障孩子们在学习文化知识的同时接受劳技技能培训，为残疾孩子的终生发展服务。这是溧水特校的二次创业，这是特殊教育的大胆探索！

2001年2月，他向当地政府申请划拨（或租赁）溧水县城南郊的300亩（约20公顷）荒山作为教育培训就业基地。基地建设之初，三尺讲台之外，一顶草帽、一副手套、一双胶鞋是葛华钦和老师们的日常装备。他带着全校27名教师从荒山中开垦出了186亩（约12.4公顷）土地。以往农民和现在农民干的活他们都干——除草，治虫，施肥，下秧，栽秧，挑粪水，割稻子，运稻草，在葡萄园里挖洞，埋杆子，拉铁丝……无所不能。

13年过去了，包括租赁土地，基地已发展到如今的800多亩，建有3个园（牡丹、葡萄、盆景）、4个区（水产养殖、苗木繁殖、果鸡放养、无公害蔬菜）、花卉超市、蔬菜大棚及苗木基地，还建有2000多平方米的现代化玻璃温室。这里的学生是幸运的，在接受9年义务教育后，还能在基地再延长3年（重点加强种植和养殖技术学习），完成12年教育；学校还增设了

第二章 师德修养的价值标杆

听障学生职业中专,主修现代农业技术专业,开设"种植"和"养殖"两类课程,填补了南京市特教领域农业职业教育的空白。这里的学生是幸福的,已有20多个本校毕业生在此就业,他们每个月都能拿到工资,每个月都能领到全额的生活补助,并享有五项保险(养老、失业、工伤、医疗、生育)。他们不再是家庭的累赘,不再是社会的负担;他们拥有了喜欢的职业,更拥有了做人的尊严。

由于溧水城市建设规划,溧水特校教学区和基地正面临搬迁,意味着学校即将迎来第三次创业。对此,葛华钦思路很清晰:一是这里的教育、培训和就业要实现由传统农业技术向现代农业技术的过渡;二是让每个人对未来有希望,各类学生有不同的出路。他说,我们将帮助听障学生升入高校继续深造;鼓励帮助中、轻度智障学生掌握一定的技能后去社会就业,主动融入社会;鼓励毕业生与父母一同创业;把暂无就业方向或创业困难的毕业生留在基地边就业边学技能,为创业做好准备;鼓励毕业生走上社会自主创业,毕业生能力暂时不足的,三四年内,五项保险学校替他们交;学校以市场最高价收购或代销他们生产的产品;帮助低息贷款;协调地方政府为他们提供优惠政策,助其创业。

(资料来源:http://www.jyb.cn/china/rwfc/201407/t20140703_588879.html)

葛华钦,普通的名字,不普通的贡献。他身体力行为国家的富强辛勤耕耘,更是不计得失为社会培育了劳动能手,他用自己的技能推动了特殊人群的发展,推动了社会的发展。他留下的精神力量给我们指引方向。

社会主义富强的程度取决于社会每个成员的能力,而社会成员的能力又离不开社会教育。因此,教育是促进社会物质文明和精神文明发展的重要因素。在教育过程中,教师是主导者,其功能的发挥直接决定着教育活动的成败。从某种角度而言,教育兴则国家盛,教育恶则国家衰。所以,教师应具有特殊群体意识,铁肩担道义,妙笔著文章,担当起物质文明与精神文明的建设任务。

2. 教师应促进国富民强

(1)培养物质文明建设者

从物质文明的建设和发展来看,现代生产需要源源不断的新鲜血液,需要懂知识、会技术的新型劳动者。而这些劳动者并非天生存在,都是由教师通过自己的学识、才干、思想道德品行影响和教育出来的,是教师劳动的结果。可见，教师是以"生产合格劳动者"的身份加入社会物质生产者行列中来的，教师的劳动是进行物质生产劳动、创造物质财富的前提和基础。正是从这一意义上讲，教师是物质文明建设的有力推动者。所有的教师要深刻地意识到这一点，勤奋工作，为国家的富强和民智的提升鞠躬尽瘁。

(2) 培养精神文明建设者

国富民强，不仅仅囿于物质领域，精神世界的强大也是国富民强的题中之义。从精神文明的建设和发展来看，教师在培养各种高级专门人才、促进精神财富的生产方面也发挥着重要作用。所谓精神财富，是人们改造主观世界的成果。它主要表现为教育、科学、文化知识的发达和人们思想、政治、道德水平的提高。不仅社会物质财富的生产需要大批的专门人才，精神财富的创造也必须有一大批直接从事科学文化建设、思想建设的专门人才，这些专门人才的成长不是自然而然的，而是由教师培养和训练的。他们也是在小学、中学直至大学接受着教师的系统教育和培养，具备了从事本职工作的能力及文化水平、道德水平，这样才能在精神财富的生产中发挥应有的作用，为改变人们的精神面貌，推动社会精神生活健康发展贡献力量。

(3) 培养自身成为建设者

教师本身也是劳动者，参与国家建设。正如葛华钦那样，在教书的同时，一顶草帽、一副手套、一双胶鞋，带着全校27名教师从荒山中开垦出了186亩土地。教师除了直接参加社会的物质生产，还能运用自己的知识与才能著书立说，向学生传播先进的科学文化知识和思想观念，教师也能发明创造，也能提高生产效能。教师这样一个群体正是通过这些社会活动，为每一次的社会变革提供着思想和理论的引导，实践的支持，成为促进社会变革与进步的一股强大的有生力量。

二、师德修养的价值目标——民主

社会主义核心价值观确定的建设目标，将"民主"排在"富强"之后，强调国家要富强，没有民主不行。

(一) 准确掌握民主价值目标，强化民主理念

1. 理解民主的概念

民主，无论是在我国社会主义国家，还是在国际社会领域，都是一个极其重大而又敏感的问题。就民主最初的含义产生的语境来看，其实是解决统治权力的归属和行使的问题的。按照字典上的定义，民主是"人民支配的政体，最高权力属于人民，由人民直接行使，或由经自由选举制度产生的人代

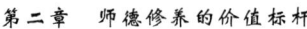第二章 师德修养的价值标杆

理人民行使"。用亚伯拉罕·林肯的话来说，民主是"民有、民治、民享"的政权。

2. 了解民主的由来

民主的影子在西方最早见于《荷马史诗》。《荷马史诗》所描述的社会情景、民主政治在凡人和神中得到广泛的表现，但并没有明确使用"民主"一词。在西方，明确使用"民主"或"民主政治"一词的，是公元前5世纪的希罗多德。希罗多德因崇尚《荷马史诗》所描述的民主政治，遂潜心研究，于公元前492年写出传世巨著《历史》，明确使用"民主"一词。

资产阶级在推翻封建专制制度的革命中创立了资本主义民主，资本主义民主是指资本主义社会中资产阶级掌握国家权力的一种国家制度。资产阶级取得政权后，确立了议会制、普选制、两党制（或多党制），公民享有各项自由权利等制度，这些都是资本主义民主的主要表现形式。

在古代中国，民主最早见于《书·多方》，这是周书。"多方"意为"诸邦""列国"的意思。《书·多方》有三处提到"民主"，其一，"天惟时求民主，乃大降显休命于成汤，刑殄有夏"；其二，"乃惟成汤，克以尔多方，简代夏作民主"；其三，"天惟五年须暇之子孙，诞作民主"。

1911年孙中山领导的资产阶级民主革命废除了两千多年的封建帝制，创立了中华民国。1949年中国共产党领导的新民主主义革命推翻了帝国主义、封建主义和官僚资本主义的统治，取得了新民主主义革命的伟大胜利，建立了中华人民共和国。

党的十六大报告强调"要坚持和完善社会主义民主制度。健全民主制度，丰富民主形式，扩大公民有序的政治参与，保证人民依法实行民主选举、民主决策、民主管理和民主监督，享有广泛的权利和自由，尊重和保障人权"。

党的十七大报告除了强调"要健全民主制度，丰富民主形式，拓宽民主渠道，依法实行民主选举、民主决策、民主管理、民主监督"，还强调了要"保障人民的知情权、参与权、表达权、监督权"。

党的十八大报告提出了"倡导富强、民主、文明、和谐，倡导自由、平等、公正、法治，倡导爱国、敬业、诚信、友善，积极培育社会主义核心价值观"。在健全民主制度方面，延续了十六大、十七大报告的相关提法，还特别强调了法治在健全民主制度中的作用："更加注重发挥法治在国家治理和社会管理中的重要作用，维护国家法制统一、尊严、权威，保证人民依法享有广泛权利和自由。"

35

社会主义核心价值观中的"民主"是人类社会的美好诉求。我们追求的民主是人民民主，其实质和核心是人民当家作主。它是社会主义的生命，也是创造人民美好幸福生活的政治保障。①

3. 树立正确的民主观

（1）政治制度层面的民主——民主政治

作为政治制度层面上的民主带有鲜明的阶级性、政治性、意识形态性。社会主义民主政治实行人民民主专政，对人民实行最广泛的民主，对少数敌对分子实行最严厉的专政。中国特色社会主义民主政治的本质和核心是人民当家作主。我国宪法明确规定："中华人民共和国的一切权力属于人民。"

（2）操作层面的民主——民主形式

民主的形式，就是通常所说的民主政治的具体组织形式、运行体制、机构、机制和具体运作程序、原则、规则。我国政治发展的基本特征是以民主的基本价值为取向，以民主的制度建构和程序设计为路径，以实现人民民主为最终的归宿。我国宪法强调："人民行使国家权力的机关是全国人民代表大会和地方各级人民代表大会。人民依照法律规定，通过各种途径和形式，管理国家事务，管理经济和文化事业，管理社会事务。"

（3）理论层面的民主——民主思想

作为理论层面的民主，是指民主价值观、民主思想。如对民主的价值追求、价值判断等观念，关于民主的理论、观点、认识等思想。民主价值观、民主思想强调的是在权利面前人人平等，作为掌权的政府官员没有凌驾于群众之上的特权。

4. 避免"泛民主"化

有人在理解民主的时候，往往自主扩大民主的范畴，认为民主是自由意志的完全表达，从而走向泛民主化。泛民主主义的特点就是事事扣上民主之架势，事事讲求"少数服从多数"的纯量化的民主形式。而纯粹的少数服从多数往往成了多数人的暴力——片面地强调民主，以维护多数人的利益的为幌子侵犯他人的合法权益。

在中国，因为大家追求民主价值，所以希望把这些东西释放到一切领域，认为只要大家不一起表决的事就搞不成，或者就有问题。这会引至中国出现"泛民主"。所谓"泛民主时代"就是什么东西都必须拿来讨论和表决，这也就意味着什么事都做不成。杨鹏对《可操作的民主》做了举例：选举领

---

① 中共中央办公厅印发. 关于培育和践行社会主义核心价值观的意见. 新华网. 2014-05-29.

第二章　师德修养的价值标杆

导人是可操作的,监督是可操作的,重大的年度规划预算这些是可操作的,但是可能到了执行层面,如果执行的领导人没有权威,说话不管用,这等于民主会毁了民主自己,"泛民主"最终毁了民主价值。所以我们必须对民主有一种反思和批判,才能真正认清民主,而不是只作为一个工具,被金钱和权力奴役,并借了这种伪民主的方式愚弄民意。

(二) 教师应具有民主素养,追求民主教育

1. 教师应具有民主素养

教师是一门职业,受聘于学校,如果是公立学校则等同受聘于国家,即便是私立学校,在我国也要取得政府的批准并接受教育行政主管部门的指导才能开办。国家是教师的后盾,教师应对国家的发展负责,这是基本的职业操守。社会主义核心价值观倡导民主,教师践行社会主义核心价值观,就应该具有民主素养。

作为社会未来主力军引领者的教师必须深明社会主义民主的含义,理解民主的价值,传递正确的民主观念,避免自己和学生落入"泛民主"的泥淖。

有些教师缺乏民主精神,不仅体现在与学生的关系上,也体现在不能主动积极地参与到学校的民主管理中。例如,通过教职工代表大会或其他形式,参与学校的民主管理,这本是《教师法》赋予教师的神圣权利,可事实上,极少教师追求行使过这种权利。

陶行知曾指出:"民主的时代已经来到。民主是一种新的生活方式,我们对于民主的生活还不习惯。但春天已来,我们必须脱去棉衣,穿上春装。我们必须在民主的新生活中学习民主。"

2. 教师要追求民主教育

教师涉及的民主较多体现在民主的第三个层次上:民主价值观和民主思想上,而较少涉及民主的组织形式和运作程序。从这个角度看,我们探讨的教师的民主素养主要偏重于民主的价值追求、价值判断等价值观,是关于民主的理论、观点、认识等思想。教师将民主的理论观点融入教学形成民主教育。

(1) 要正确领会民主教育

"民主教育"可以从不同的角度作出多种解释。陶行知曾对民主教育如此定义:"民主教育一方面是教人争取民主,一方面是教人发展民主。在反民主的时代或是民主不够的时代,民主教育的任务是教人争取民主;到了政治走上了民主之路,民主教育的任务是配合整个国家之创造计划,教人依着

民主的原则，发挥个人及集体的创造力，以为全民造幸福。"因此，"民主教育"，是用"民主"去更新"教育"的内涵，即把专制的、不民主的或者说不充分民主的教育改造成为适合现代民主社会需求的民主的教育。在具体的教育过程中，它指教育者应该具备的民主思想以及在教育过程中应该体现出的民主精神，还包括教育者在教育过程中对学生所进行的一系列有关民主精神价值的教育——平等精神的教育、自由精神的教育、法治精神的教育、宽容精神的教育、妥协精神的教育以及权利与义务的教育、纪律与法制的教育等公民意识教育。

如果说"民主政治"意味着的"尊重"是对公民权利的尊重的话，那么"民主教育"意味着的"尊重"则是对学生的人格的尊重，尊重学生的情感、尊重学生的思想、尊重学生的个性、尊重学生的差异、尊重学生的人权、尊重学生的创造力⋯⋯当然，与此同时，教会学生尊重他人。民主教育是学生的主体性和教育的民主性二者的和谐统一：它把受教育权利还给每一个学生，同时把教育过程变成一种民主的生活方式，尊重学生的主体地位，使学生得以生动活泼、自由地发展，消除一切不平等地对待学生的现象，尊重学生的人格与权利，解放学生的主体性和创造性，为提高学生的民主意识和参与能力，发挥学生的主体作用创造最好的教育条件和教育环境；更重要的是，在教育内容上渗透民主意识，在教育过程中培养学生的民主思想、民主精神，以民主的教育造就富于主体性的一代新人。

教学上，不能缺少民主作风。"一言堂"，"满堂灌"；我制造题海，你只管去求解；答案只能标准统一，不能丰富多彩，诸如此类的不民主做法应当抛弃。不民主的教育教学，结出来的是这样的苦果：唯命是从，无"棱"无"角"的学生随处可见；"录放机"一般的学生比比皆是；至于由此而产生逆反心理，以及视学校为"牢狱"，求"乐趣"于违纪的学生也屡见不鲜。

基础教育界近来流行一句话："蹲下来和孩子说话。"这对于过去教师站在讲台上俯视学生无疑是一个进步。"蹲下来"的本意主要不是指"肢体的蹲下"而是"心灵的蹲下"，即教师要在心灵深处平视学生。这里需要说明的是，所谓"蹲下去和孩子说话"，不应该被视为一种"更高境界的师德"。如果"蹲下去"纯粹成了一种姿态，那说明教师的心并没有"蹲下去"，所谓肢体的"蹲下去"不过是居高临下的"平易近人"而已，骨子里还是把自己看得比学生高。

（2）避免教育中的泛民主主义

"民主"不是多数人统治少数人，不是少数人必须服从多数人，这只是

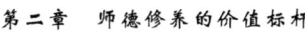

第二章　师德修养的价值标杆

片面的"民主","民主"应该是提倡多数人利益的同时也保障少数人的权益,否则就是"多数人的暴政"、就是"以多数人的名义镇压"。所以教师一定要避免教育中泛民主主义的出现。

近些年来,时常发生的学校或者老师通过举手投票来"开除学生"的新闻。2010年,河南洛阳孟津西霞院初级中学初一学生因为打架,班主任组织全体同学投票决定请家长将其带走家庭教育一周,随后该生投渠自尽。同样,2012年,洛阳市第十二中初一(1)班学生豪豪因为调皮,被自己的老师"公投开除"。

面对多数人的暴力,学生往往难以有效地反抗,甚至无法反抗,所以常常导致人生的悲剧。作为教师,更应警醒泛民主的危害,不要假以民主投票的形式则增加了打击力度,从而摧毁学生的人生希望,这不是真正的民主,而是赤裸裸的伪善。

(3) 避免教育民主与教育权威的对立

没有人会否认教育的权威,也没有人会否认教育的民主,但一些教师往往把这两者对立起来,认为谈教育民主就会与教师权威冲突。而作为教育活动的组织者,教师不能没有权威。但是我们应该认识到,真正的教育民主不但不排斥教师权威,而且能够保证教师拥有真正的权威。

教师的权威来自两个方面。一方面,教师的权威来自教师这一特定的职业角色。也就是说,虽然某一位具体的教师从教之初并不具备从天而降的权威,但因为教师职业本身就具备了某些先验性的威信,这就使所有教师具有了理论上的权威性。同时,教师职业本身拥有一定的"权力"强化了教师的权威,这些"权力"包括考试打分、评三好生、推荐保送、写评语等等,这些看起来微不足道的事往往影响着学生的命运,教师因学生的敬畏而产生了某种权威感。但另一方面,教师的权威更重要的是来自教育者本身的职业水平和人格魅力。职业水平包括知识结构、教学技巧、教育艺术等等,这是教育者通过教育教学过程有意体现出来的,应该说,教师的教学水平直接影响着其威信的高低。而人格因素则是教育者在与学生相处的过程中不知不觉体现出来的。对真善美的执着追求,对假恶丑的毫不妥协,火热的激情,正直的情怀,永远是教育者的人格力量,也是教师真正的权威所在。

所以,教育民主不是不要教师权威,而是强调教师的权威必须建立在学生的心灵之上,是学生对教师发自肺腑的尊重,而不是对教师的敬畏或迫不得已的服从。教师真正的权威只有通过民主教育才能获得;也只有教育民主,才能够保证教师拥有真正的权威。这样的"权威",其意义已不仅仅是

社会主义核心价值观与师德修养

体现出教师个人的教育艺术与管理水平,而更重要的是,它使我们的教育真正充满社会主义的平等意识与民主精神。

三、师德修养的价值目标——文明

社会主义核心价值观确定的建设目标,强调了"文明",一个富强、民主的国家必须物质文明,更要精神文明。

(一)全面理解文明价值目标,形成文明价值

1. 理解文明的概念

社会主义核心价值中"文明"是社会进步的重要标志,也是社会主义现代化国家的重要特征。它是社会主义现代化国家文化建设的应有状态,是对面向现代化、面向世界、面向未来的,民族的科学的大众的社会主义文化的概括,是实现中华民族伟大复兴的重要支撑。①

文明究其内涵来说包括物质文明和精神文明:

(1)物质文明是人类改造自然的物质成果。表现为人们物质生产的进步和物质生活的改善,是精神文明的物质基础,对精神文明特别是其中文化建设起决定性作用,物质文明的性质为生产方式所决定。

(2)精神文明是人类在改造客观世界和主观世界的过程中所取得的精神成果的总和,是人类智慧、道德的进步状态,包括两个层次:一是科学文化方面,包括社会的文化、知识、智慧的状况,教育、科学、文化、艺术、卫生、体育等项事业的发展规模和发展水平。二是思想道德方面,包括社会的政治思想、道德面貌、社会风尚和人们的世界观、理想、情操、觉悟、信念以及组织性、纪律性的状况。作用是为物质文明的发展提供思想保证、精神动力及政治保障,法律保障和智力支持。

但是,文明不是物质与文化的简单相加,它是带给国民的生活状态。它不等同于GDP,而是经济发展赋予人们的进取感与富足感;它不是具体的政治程序,而是人们从政治运行中体验到的安全感与认同感;它不是文化生产本身,而是从文化生产获得的丰富感与生命力;它不是具体的思想道德条文,而是它带给人们的和谐关系;它不等同于青山绿水,而是从良好自然环境获取的舒适感。

2. 了解文明的由来

英文中的文明(Civilization)一词源于拉丁文"Civis",意思是城市的

---

① 中共中央办公厅印发. 关于培育和践行社会主义核心价值观的意见. 新华网. 2014-05-29.

第二章　师德修养的价值标杆

居民，其本质含义为人民生活于城市和社会集团中的能力。引申后意为一种先进的社会和文化发展状态，以及到达这一状态的过程，其涉及的领域广泛，包括民族意识、技术水准、礼仪规范、宗教思想、风俗习惯以及科学知识的发展等等。19世纪之前西方对文明的定义比较狭隘，认为生产方式先进，知识丰富就代表文明，而生产能力低下，礼仪不合西方的定义就是野蛮，所以当对非洲和美洲进行侵略的时候总是定义为文明战胜了野蛮。现代西方社会对文明的理解，是指西欧、北美的现代文化，包括西方世界中共同的标准、价值观、风俗等。

汉语"文明"一词，最早出自《易·乾·文言》："见龙在田、天下文明。"

在现代汉语中，文明指一种社会进步状态，与"野蛮"一词相对立。汉语的文明对行为和举止的要求更高。如1981年，全国学联、全国伦理学学会等九个单位，联合作出《关于开展文明礼貌活动的倡议》，大兴"五讲四美"之风。"五讲"，即讲文明、讲礼貌、讲卫生、讲秩序、讲道德。

从国家层面看，文明主要指物质文明和精神文明。

党的十六大报告在强调"坚持物质文明和精神文明两手抓"时，特别强调了精神文明："社会主义精神文明是中国特色社会主义的重要特征。必须立足中国现实，继承民族文化优秀传统，吸取外国文化有益成果，建设社会主义精神文明，不断提高全民族的思想道德素质和科学文化素质，为现代化建设提供强大的精神动力和智力支持。"

党的十七大报告针对我国的环境问题，提出了"建设生态文明"，要求"生态文明观念在全社会牢固树立"。

党的十八大报告则把"文明"与"富强""民主""和谐"联在一起，作为国家层面的社会主义核心价值观提出。

3. 树立正确的文明观

树立正确的文明观不仅要理解强化社会文明的意义，还要把握文明的三个层面的含义。

（1）从国家层面来讲，文明是指国家发展的状态

这是唯物史观对文明的根本定义。马克思说："文明的一切进步，或者换句话说，是社会生产力的发展。"恩格斯说："文明时代是学会天然产物进一步加工的时期，是真正的工业和艺术产生的时期。"在他们看来，文明是物质与文化的增长，以及由此产生的各种制度建设，最终推动人的全面发展。

（2）从社会层面来讲，文明是社会秩序的确立

唐人孔颖达注解说"经天纬地曰文，照临四方曰明"，其意指社会文教昌达、文德彰显而形成的王者修德、民风淳朴、风调雨顺的和谐景象。

（3）从人的层面来讲，文明则是指人的教养和开化状态

《尚书·舜典》称赞舜"浚哲文明"，就是指他非常谦恭，品德高尚，很受人爱戴的意思。《礼记·乐记》说："是故情深而文明，气盛而化神，和顺积中而英华发外。"文明是谦恭有礼，是内在的德行开放出来的一枝鲜花。西方的"文明"一词包含有脱离野蛮的开化之意。所以，文明有人的端庄优雅有教养之意。

但是，在市场经济的冲击下，在权力欲望的侵蚀下，部分国民失去了文明的素质。赵恒章在他的《不文明行为十二怪》中做了个描述：

第一怪：过马路，不走地下通道或天桥，横跨栅栏隔离（绿化）带。

第二怪：吃完早点，无视环境和卫生，随手乱丢包装袋。

第三怪：公交车上，年轻的让座不主动，面无表情似发"呆"。

第四怪：斑马线上，"蛮"司机不减速、不避让，脚踩油门与行人抢道像比赛。

第五怪：小张贴、小广告，随意"涂鸦"，城市不留一处"白"。

第六怪：衣服、裤子当街晒，花花绿绿煞风景，"万国旗"展一排排。

第七怪：夏日空调开，滴滴答答……只顾自己图凉快。

第八怪：大热天里"膀爷"多，不分里和外，三五成群聚一块。

第九怪：花草树木、绿地、大草坪，不怜惜，不爱护，攀爬、乱摘又乱踩。

第十怪：水上乐园、浴场和泳池，尿素超标，有人"方便"好"自在"。

第十一怪：小摊小贩，不进市场，一根扁担沿街卖，地摊随处摆。

第十二怪：打牌、唱歌、喝酒把拳猜，《夜半歌声》，不怕扰民嗓子"坏"。

所以，建设文明，势在必行。

4. 防止把物质文明和精神文明割裂开来

文明，对于一个国家来说，意味着高度繁荣的文化、高度自觉的精神；对于一个社会来说，意味着良好的秩序、优美的环境、淳朴的风气，人与人之间诚信友善；对于每一个公民来说，意味着比较高的精神文化修养，从言谈举止到内在心灵都很美好。这样的文明境界，值得我们每一个人去不懈追求。但是片面的只强调文明建设而忽略经济的建设，无异于纸上谈兵建设发

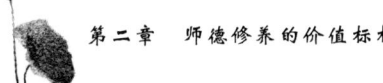

第二章 师德修养的价值标杆

达国家。

当今世界的竞争,不仅是民族与民族、国家与国家以及不同社会制度的竞争,还是不同文化、不同文明的竞争,这是更深层次的竞争。文化是一个国家可持续发展的动力,回应历史和现实的挑战,弘扬中华文明,把中国从文化大国真正建设成文化强国是摆在国家面前的一个基础性、战略性的重要任务。弘扬中华文明,要在时代精神的指引下,在社会发展的过程中,通过对中国文化的再认识和发掘,在传统文化中各种力量的相互作用中,在经济全球化中各种文化的相互关系中,创造并开掘中国文化新的活力,并视之为我们现代化的内在基础、内在资源和内在动力。

这个社会是由我们每个人组成的,社会的问题实质上是我们自己的问题。我们光想着改变别人,不愿意改变自己,那么我们就什么都改变不了。借用一个网络上流传的小故事:每逢退潮就有千万条小鱼留在海滩,不能返回大海。一个孩子每到退潮就在海边捡小鱼,一条条扔回海中。大人觉得好笑,退潮时满海滩都是鱼,捡几十条乃至几百条归海有何用?但孩子却非常坚定。有人问:"这么多的鱼,你又不能改变它们的命运,扔不扔回大海有何不同?"孩子看看手中的鱼,答:"对这条,我能改变它的命运。"所以,命运就掌握在每个人自己手中!每个人文明起来,国家文明关系到我们每个人的未来!

(二) 教师应具备文明精神,构建文明世界

1. 教师应具备文明精神

教师应具备文明精神主要指精神文明。社会主义精神文明建设的基本内容,包括两个方面,即思想道德建设和科学文化建设。思想道德建设要解决的是整个民族的精神支柱和精神动力问题,教育科学文化建设要解决的是整个民族的科学文化素质和现代化建设的智力支持问题。这两个方面密不可分,缺一不可。

(1) 教师应加强自身精神文明建设

教师应加强自身精神文明建设,这是教师的职业特点决定的。精神文明建设归根到底是要培养有理想、有道德、有文化、有纪律的建设社会主义四个现代化的新人。社会主义一代新人的培养,虽然需要全社会作出多方面的努力,但是,学校是培养新型人才的主要场所,肩负着为社会主义的四化建设,造就"四有"一代新人的伟大历史使命。教师是关键,是青少年儿童"通其业、成就其道德"的引路人。每一位人民教师都应为此感到自豪和骄傲,同时每一位人民教师都应忠诚党的教育事业、对人民、对社会负责,不

社会主义核心价值观与师德修养

断提高自身的业务水平和师德修养,在社会主义精神文明建设中起模范带头作用,这是教师的神圣职责。

(2) 教师应自觉开展精神文明建设

教师应当进行精神文明建设,这是教师劳动的主要特点决定的。教师劳动是一种同人类社会文明进步紧密相关的复杂脑力劳动。教师劳动的目的是为社会培养人才,因而具有十分广泛的社会性,教师不仅要对学生和学生家长负责,而且要对整个社会负责;教师劳动是一种以人为对象,以教育为目的劳动。教师劳动的对象主要是广大青少年。人为万物之灵,个人的心理品质千差万别,外在行为呈现千姿百态,接受影响和教育的渠道多种多样。所以教师要长期付出心血,运用教育理论,采取科学方式,因时因地因人因事制宜,才能取得教育效果。教师从事劳动主要靠自身的思想品德、知识和才能、情感和意志起直观示范作用。教师的一言一行都在潜移默化地影响着学生。学生从教师身上直接接受人类知识和经验,受到真理的启迪和开化,并且往往在人格和行为上视教师为效法的榜样。无产阶级革命家、教育家徐特立说得好:"教师有两种人格,一种是经师,是教学问的;一种是人师,是教行为的。所以人们称教师为'人类灵魂的工程师。'"教师的劳动特点直接要求对教育对象起直观示范作用。

现在教师行列中精神文明的现状却是喜忧参半。喜的是,教师队伍中优秀人士不断涌现:黑龙江省铁力市工农乡中心小学教师仲威平就向我们展示了她的文明世界。

【案例】

2014年度全国教书育人楷模仲威平

小学教师仲威平为了不让孩子们失学,每天骑自行车往返在乡间小路上。20多年来,仲威平走过了近10万公里"送学"路。在这20多年里,不仅是路途的艰辛,还有许多令人担惊受怕的事。她遇到过很多困难,可从来没有向领导提出过任何要求,总是毅然决然地迈出家门。她的信念是:成就一个孩子,造福一个家庭;成就一个家庭,造福整个社会。

其实,离仲威平家不到两里地就有小学,20多年里,她有好几次调动机会,可她总是说舍不得这些孩子。由于过度的体力消耗与常年饮食不当,仲威平常常被疾病困扰。由于常年在学校吃午饭,学校一直没有饮用水,她每天都从家里用瓶子带点水,冬天一路上水结成冰,到了学校,冰又化成水,三口干粮两口水,饥一顿、饱一顿,她得了很重的胃病和风湿病。2003

 第二章 师德修养的价值标杆

年,仲威平患病须手术治疗。如果做手术,一休息就要一两个月,为了不扔下孩子们,疼痛严重时,仲威平就一边打点滴一边上课。孩子们放假了她才去做手术。

仲威平的母亲患有严重的糖尿病和心脏病,2007年夏天的一个早晨,老人对女儿说:"今天你别上班了,在家陪陪我,我好不舒服。"但为了不影响学生上课,她还是没舍得请假。俗话说,自古忠孝难两全。当上到第二节课时,仲威平得知母亲病逝的消息,失声痛哭,她骑上车疯了一样赶回家中……为了兰河村的孩子,仲威平没有把更多的时间留给儿子,在儿子成长的过程中没有更多地去陪伴他,结果儿子因几分之差没有考上理想的大学,只读了电大。而仲老师的爱人和儿子却一直理解她,默默地支持她。

她一直不放弃对贫困、单亲、留守儿童的关爱,2013年6月,成立了以仲威平名字命名的爱心工作站,工作站的办站宗旨是:凝聚社会爱心力量,关怀农村留守儿童群体,关心农村留守儿童健康,关心农村留守儿童的情感需求,关注农村贫困、单亲、残疾儿童的生活救助,实施爱心传递。

(资料来源:http://www.jyb.cn/china/rwfc/201407/t20140703_588882.html)

忧的是教学中不文明的现象仍时有发生。百度教师虐待学生事件时,呈现在我们面前的数字触目惊心,一些手段让人发指。

【案例】

2009年10月云南建水县西湖幼儿园老师孙琪琪用注射器针头扎20多名不听话的4岁儿童。

2009年12月重庆渝中区南区路幼儿园实习老师逼迫5岁女童舔吃痰。

2010年9月江苏徐州天马少儿艺术学校教师陈某因一女童与自己女儿发生争执,殴打该女童10余分钟。

2011年12月陕西旬阳县磨沟幼儿园园长薛同霞因小朋友背诵不出课文,用火钳将10名孩子的手烫伤。

2011年6月北京朝阳区童馨贝佳幼儿园6岁女童被一名女实习老师用缝衣针扎伤腿部。

2011年6月济南世纪佳园大风车幼儿园15个孩子被强迫蹲厕所、关小黑屋、被打屁股、看恐怖片。

2011年8月长沙金太阳幼儿园南国园两岁零七个月女童午休时乱跑,遭班主任老师扇耳光并悬空拎起。

社会主义核心价值观与师德修养

2011年10月浙江慈溪潮塘幼儿园一名教师嫌小朋友吵闹，用透明胶带粘住了两个孩子的嘴巴。

2011年10月西安苏王早慧幼儿园一名4岁男孩因没做好操，被幼儿园老师用锯条锯破手腕。

2011年10月广东肇庆一托儿所把不会自行大小便的幼童绑在粪盆上。

2012年2月北京海淀区上地爱心幼儿园一名3岁男童指认教师用针扎小鸡鸡。

2012年5月上海杨浦区民办格林双阳幼稚园一女童下体被女幼师林某放入芸豆，事发后林某被停职。

2012年5月河南内黄县大风车幼儿园老师狂殴6岁男童被拘留。

2012年6月郑州文化绿城鹤立幼儿园，老师因孩子午休说笑让他们互打耳光

2012年10月山西太原市蓝天蒙特梭利幼儿园一名5岁女童因不会算10＋1，被一名女老师狂扇70个耳光。

对于上述事件的发生，不能简单地视为偶然事件，即使是，太多偶然事情，早就形成了必然。因而，不强调践行社会主义核心价值观，教师的道德的底线难保不会被再次被突破。

2．教师要构建文明世界

教师构建文明世界，不仅要建立校园文明，更要向社会的生力军传递文明的信号：

（1）提高教师文明素养

这是加强学校社会主义精神文明的关键和前提。学高为师，德高为范。教师风范好，文化素养好，在学生面前就能起示范作用，教育作用，激励作用。学生就能从教师那里学到知识，受到启发教育，获得文明素养，逐渐树立起正确的人生观、世界观、苦乐观。

（2）创造校园文明氛围

平时有计划有组织地开展文体科技活动，节日组织具有新内容新意义的活动，开阔视野，提高思想认识。增加文明用语、行为规范、使学生的作为体现出语言美、行为美、心灵美。

《周易》说："文明以健，中正而应，君子正也。唯君子为能通天下之志。"如果教师从我做起，文明自己的言行举止、教育教学，那我们就能构建自己的文明世界，更能带动他人构建大文明世界。

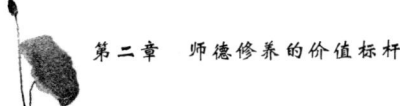

第二章 师德修养的价值标杆

四、师德修养的价值目标——和谐

社会主义核心价值观确定的建设目标,第四个是"和谐",这是国家建设的终极目标,一个富强、民主、文明的国家,最终必须是和谐社会。

(一)深度了解和谐价值目标,内化和谐要求

1. 理解和谐的概念

和谐是中国传统文化的基本理念,集中体现了学有所教、劳有所得、病有所医、老有所养、住有所居的生动局面。它是社会主义现代化国家在社会建设领域的价值诉求,是经济社会和谐稳定、持续健康发展的重要保证。[①]

和谐社会是一个以人为本的社会,是一个可持续发展的社会,是一个大多数人能够分享改革发展成果的社会。和谐社会是一个系统的概念。从理论上说,是社会各个阶层和睦相处,社会各级成员各尽所能,使人民的聪明才智得到全面发挥;是经济社会协调发展的社会,是人与人、人与自然协调的社会。简言之,和谐社会是一个稳定的系统,有效的系统。

2. 了解和谐的由来

在西方,"和谐"理念由来已久。毕达哥拉斯认为,"整个天就是一个和谐"。赫拉克利特认为,和谐产生于对立的东西。文艺复兴后许多思想家都把"和谐"视为重要的哲学范畴。马克思真正把握了"和谐"理念,提倡社会和谐。

我国历史上产生过不少有关社会和谐的思想。比如,孔子说过"和为贵";墨子提出了"兼相爱""爱无差等"的理想社会方案;孟子描绘了"老吾老以及人之老,幼吾幼以及人之幼"的社会状态;《礼记·礼运》中描绘了"大道之行也,天下为公,选贤与能,讲信修睦。故人不独亲其亲,不独子其子,使老有所终,壮有所用,幼有所长,鳏、寡、孤、独、废、疾者皆有所养"这样一种理想社会;康有为在《大同书》中提出要建立一个"人人相亲,人人平等,天下为公"的理想社会。

党的"十六大"报告在阐述"小康社会"的特征时,提到"经济更加发展、民主更加健全、科教更加进步、文化更加繁荣、社会更加和谐、人民更加殷实"六个方面的指标,这里已提出社会和谐的思想。

十六届四中全会正式提出建设和谐社会"要适应我国社会的深刻变化,把和谐社会建设摆在重要位置,注重激发社会活力,促进社会公平和正义,

---

① 中共中央办公厅印发. 关于培育和践行社会主义核心价值观的意见. 新华网. 2014-05-29.

增强全社会的法律意识和诚信意识,维护社会安定团结"。

2005年2月,胡锦涛同志在省部级主要领导干部提高构建社会主义和谐社会能力专业研讨班上的讲话中指出:"我们所要建设的社会主义和谐社会,应该是民主法治、公平正义、诚信友爱、充满活力、安定有序、人与自然和谐相处的社会。"

十六届六中全会专门作出了《关于构建社会主义和谐社会若干重大问题的决定》,强调了构建社会主义和谐社会的重要性和紧迫性,明确了构建社会主义和谐社会的指导思想、目标任务和原则,研究了构建社会主义和谐社会的若干重大事项,包括坚持协调发展,加强社会事业建设;加强制度建设,保障社会公平正义;建设和谐文化,巩固社会和谐的思想道德基础;完善社会管理,保持社会安定有序;激发社会活力,增进社会团结和睦,并且强调要加强党对构建社会主义和谐社会的领导。

党的十八大报告则把"和谐"与"富强""民主""文明"作为一个整体,以社会主义核心价值观提出。

3. 树立正确的和谐观

树立正确的和谐观,要深刻理解和谐的内涵。

(1) 人自身的和谐

人是社会发展的主体,是社会和谐发展的根本前提。人要有健全的人格,有正确的世界观、人生观和价值观,能正确地处理个人与自然、个人与社会的关系,真正融入自然、融入集体、融入社会。

(2) 人与自然的和谐

自然环境是人类生存的必备前提和条件。生态环境的破坏制约了经济社会的发展,也影响了人们生活水平和生活质量的提高。因此,走人与自然和谐发展之路,是人们重新审视与自然关系后作出的理性抉择。

(3) 人与人及人与社会的和谐

这既包括个人与个人、个人与群体之间的关系,也包括群体与群体之间的关系。同时,人与人之间关系是人与社会之间关系的具体体现。"利之所在,天下趋之。"妥善协调和正确处理人们之间的各种利益关系,是实现人与人之间关系和谐的关键。

(4) 国家内部系统诸要素的和谐

比如,生产关系与生产力相适应,上层建筑与经济基础相适应;社会经济、政治和文化协调发展,物质文明、政治文明和精神文明的共同进步;各地区、各行业、各阶层之间的发展协调、关系和谐等。

 第二章 师德修养的价值标杆

和谐社会是一个过程。因为"和谐"是没有上限的，达到和谐以后还可能出现新的不平衡，还需要再和谐，这是一个过程。但是和谐社会却有底限，如果社会的不和谐突破了这个底限，社会将发生动荡。因此，理解和谐社会首先必须找到和谐社会的底限在什么地方，通过构建社会安全网等措施保证社会和谐的底限不被突破，进而在此基础上追求更和谐的社会。

4．防止不和谐因素的出现

国家安康，和睦团结，我们要避免社会不和谐因素的出现，避免不和谐之音破坏社会主义建设的大合奏。这样，才能更快、更好地建设社会主义中国。

作为教师要防止教育不公引发的不和谐音符。有些教师在教育教学中不能公平对待学生，"以分数论英雄"，高分学生为"优生"，低分学生为"差生"。安排座位将"优生"安排在教室的"黄金地段"，将"差生"放到"后末排"，或"靠边站"；提问只面向"优生"，将"差生"丢到被遗忘的角落；批改"优生"的作业是，"精、细、深、真"，看到"差生"的作业却只匆匆给个日期；处理学生纠纷时"感情用事"，同样的错误，对"优生""手下留情"，对"后进生"则"咬牙切齿"。教师看不起"差生"，"优生"往往也跟着看不起"差生"，师生之间，学生之间不和谐的事便经常发生。

教师要以社会主义核心价值观的高标准要求自己，建立和谐的师生关系，为学生创造一个和谐的学习环境。

(二) 教师应具备和谐能力，建设和谐社会

1．教师应当具备和谐能力

教师应当具备和谐能力，是指教师应当具备构建社会主义和谐社会的能力。要具备构建社会主义和谐社会的能力，就必须做到：

(1) 深刻认识构建社会主义和谐社会的重大意义

教师要站在国家的高度认识构建社会主义和谐社会的重大意义：构建社会主义和谐社会，是我们党从全面建设小康社会、开创中国特色社会主义事业新局面的全局出发提出的一项重大任务，适应了我国改革发展进入关键时期的客观要求，体现了广大人民群众的根本利益和共同愿望。

(2) 努力提高构建社会主义和谐社会的各种能力

作为教师，在提高构建社会主义和谐社会方面，首先应该具备顾全大局的能力，学校的教育教学工作涉及到每一名教师个体，也涉及到教研室、年级组、学校集体，在个体和集体之间发生冲突时，能顾全大局。其次应该具备协调关系的能力，教师的教育教学工作涉及到学校的方方面面，涉及到其

社会主义核心价值观与师德修养

他教师，出现问题时，能协调关系，妥善解决。

北京市优秀教师李旭东向我们展示了他在促进汉藏和谐方面的事例。

【案例】

用爱浇灌高原格桑花

李旭东是西藏中学一名青年教师，大学毕业至今他一直在这里任职，陪伴着一批又一批来自雪域高原的藏族孩子成长。作为一名班主任，他心系学生，关注着学生的成长。12年里，他无私资助家境贫寒的藏族学生，帮他们解决各种困难，将对教育事业的满腔热忱都奉献给了这些藏族孩子。如今，他的很多学生已回到了西藏，如同格桑花一样在雪域高原灿烂开放。

西藏中学是北京一所"特殊"的学校，说它特殊是因为这里的学生全部来自雪域高原西藏，这些藏族学生远离家乡千万里来京求学，老师便成为他们在北京的唯一依靠。

2001年7月，李旭东从首都师范大学毕业，怀着对教育事业的热爱和对民族教育的憧憬，他来到了北京西藏中学。西藏中学的孩子来自藏区各地，在青藏铁路未通车前，由于交通不便路途艰辛，这些孩子十二三岁便远离父母只身来京求学，一直要到初中毕业时才能回家一次。为了缓解藏族孩子的思乡情绪，李旭东从担任班主任工作起，便常常陪伴在他们身边。

每当早晨出操的铃声响起，李旭东就和学生一起站在了跑道上，晚上和孩子们一起伴随着静校铃声离开教室；课间，听学生讲述自己的家庭和家乡的风俗；周末，带学生出去逛博物馆，增长知识，开阔视野……担任班主任工作12年来，每个春节，李旭东都是和藏族孩子们一起度过。暑假则留在学校为不能回家的孩子们组织各种活动。

索朗是来自山南的一个单亲、贫苦农民家庭的男生，当李旭东从班长口中知道他高一一学期只有一双鞋可穿的时候，李旭东震惊了，他惊诧于学生生活的艰苦，也被他求学的精神感动。此后，索朗的高中生活费中，除了学校发给他的生活费和特困生补贴外，李旭东每月从自己的工资中给他100元生活费。每逢藏历新年，李旭东还要按照藏族的习俗给他添置新衣……而所有这些费用，李旭东都是毫不声张地、悄悄地放在索朗的枕头下面，因为李旭东想到索朗还是个学生，是个孩子，有自己的自尊，有自己的微妙心理。

正是因为李旭东的感染，当高三报考志愿的时候，索朗毫不犹豫地选择了北京师范大学。为了使索朗在大学里能顺利学习，李旭东又把自己刚置办不久的电脑送给了他。大三的时候，又根据需要为他购买了新的电脑。李旭

 第二章 师德修养的价值标杆

东说,索朗虽然已经高中毕业了,但他仍然是自己的学生。

如今,主动到偏远的浪卡子县任教的索朗谈起李旭东的时候,总是充满感激地说,他改变了我的命运,我改变了我家庭的命运,我正在把他给我的关心和帮助传递给我的学生。

(资料来源:http://edu.sina.com.cn/l/2013-09-06/1024232898.shtml)

李东旭用他的无私,他的奉献,架起了汉族和藏族人和谐的桥梁。他从身边事做起,发挥道德实践的激励作用,向学生传递正能量,让社会和谐之风源远流长。

2. 教师要构建和谐校园

(1) 以人为本是和谐校园的核心

构建和谐学校的核心是"以人为本",在学校就是"以教师为本""以学生为本"。所谓以人为本,其实质就是尊重人、依靠人、提高人。

第一,尊重人是和谐校园的前提。

尊重人是依靠人和提高人的前提。一个人只有受到起码的尊重,才能使他体验到生活的乐趣和价值,才能心情舒畅地工作和学习,才能看到别人对自己的希望。教师要相互尊重,教师要尊重学生。

第二,依靠人是和谐校园的保证。

学校的教育教学活动要依靠全体教师,还要依靠学生,全校的师生员工都要有相互帮忙、相互协调、相互扶持的精神,心往一处想、劲往一处使,共同建设和谐校园,努力形成"创建和谐人人有责、校园和谐人人共享"的生动局面。

第三,提高人是和谐校园的目标。

提高人,是指学校领导要关注教师个人的发展;学校教师要关注学生的全面发展和个性发展。校园充满了正能量,朝气蓬勃,奋发向上。

(2) 人际关系是校园和谐的关键

校园和谐首先是人际关系的和谐。人际关系主要包括学校内部的人际关系和学校外部的人际关系;学校内部的人际关系又包括干部之间、干群之间、教师之间、师生之间、学生之间的关系;学校外部的人际关系主要是学校与上级有关部门的关系、学校与周边社区的关系、学校与学生家庭的关系。这些看起来是单位与单位的关系,实际上还是人与人的关系。这些校内校外的人际关系处理好了,学校就会"政通人和""校和万事兴",就会兴旺

发达。

总之，学校的和谐不外乎人、事、物、景、情的和谐。只有它们相互作用，相互促进，相互提高，才能有力地促进和谐校园的建立。和谐可以凝聚人心，和谐可以团结力量，和谐可以发展事业。校园奏响和谐的旋律，必将为学校、教职工和学生的发展注入活力。我们要倍加珍惜目前学校已有的团结和谐的局面，始终用和谐的音符推动学校稳定持续的发展，以发展增和谐，以改革促和谐，以公平求和谐，以稳定保和谐。

第二节　师德修养的价值取向
——自由、平等、公正、法治

"自由、平等、公正、法治"是对美好社会的生动表述，党的十八大要求"积极培育和践行社会主义核心价值观"，将"倡导自由、平等、公正、法治"作为社会主义核心价值观的内容提出来，它反应了社会主义社会的基本要求和价值取向。教师在面对或处理教育问题时应该具有什么样的价值取向呢？毫无疑问，在师德建设中，教师也应该建立自由、平等、公正、法治的价值取向。

一、师德修养的价值取向——自由

自由是一个跟我们生活密切相关的重要概念，它是人作为社会的人的权利，与自由相对应的是限制、束缚、奴役等。自由是现代文明的标志之一。

（一）正确理解自由价值取向，树立自由观念

1．理解自由的概念

在人的各种需求中，"自由"占有一个非常显要的位置。要求自由的欲望乃是人类根深蒂固的一种欲望。① 有人说"自由就是我想干什么就干什么"，也有人说"自由就是没有约束"，还有人说"世界上没有完全的自由"。百度百科上说：自由指的是没有阻碍的状况，是一种免于恐惧、免于奴役、

---

① 〔美〕E. 博登海默著. 法理学——法律哲学与法律方法［M］. 邓正来译. 北京：中国政法大学出版社，2004：298.

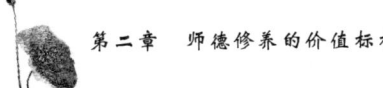

第二章 师德修养的价值标杆

免于伤害和满足自身欲望、实现自我价值的一种舒适和谐的心理状态。那么，自由到底是什么呢？我们来看看关于自由的由来和发展。

2. 了解自由的由来

在西方，"自由"一词来源于拉丁文 libertas，含义是从束缚中解放出来。在古希腊时期，"自由"主要的意思是解放。在罗马时期，罗马法中将"自由"定义为"凡得以实现其意志之权力而不为法律所禁止者是为自由"[1]。自由一直是哲学、法学、社会学等学科中讨论的热门话题。霍布斯、弥尔顿、洛克都提出了"人生而自由"；卢梭说，"人是生而自由的，但无往不在枷锁中"；康德认为，"假使没有自由，那么道德法则就不会在我们内心找到"；黑格尔强调，"精神的实体或本质就是自由，精神的一切都从自由而成立"。这些思想家一步一步将自由推到前所未有的高度，追求自由、向往自由、为自由而战。

在这个过程中，尽管哲学家们对自由的认识和理念不尽相同，但是这并不影响自由成为一个响亮的战斗口号，对自由的理解和追求为实现反对奴隶社会、封建社会，建立资产阶级社会提高了理论支持和精神动力。

在中国古代，圣贤们对自由早有思考。庄子以追求"绝对自由"人生观为主题的《逍遥游》奠定了自由的思想基础，《汉书·五行志》中第一次提到"自由"一词。然而，中国长期处于封建君主专制统治之下，专制反对的就是个人的自由，因为个人自由对专权充满了挑战，甚至是瓦解专权专制。"自由"在古代汉语中基本含义是行为举止上可以"自己做主、自我决断"。而这种"自由"是在严格的礼制之外的，礼制之内必须遵从礼仪制度，不可逾越。从《礼记》中"帏薄之外不趋"可以看出，当时的自由是一个人有限的自由，在涉及到社会关系、人作为社会的人存在时，是没有自由的。近代中国思想关于"自由"的讨论是源于"自由"帮助我们解决"国家"与"个人"冲突的重要概念之一。[2] 严复在《论世变之亟》中指出："夫自由一言，真中国历代圣贤之所深畏，而从未尝立以为教者也。"经过"世变"和近代思想的洗礼，对自由的理解和认识包含了两个层次：一是狭隘的自由观，表示人个体自由自在的生活；二是由个人层次的自由提升到团体、国家层面的自由。上世纪初十月革命后，马克思列宁主义传入中国，中国人对自由又有了新的诠释，将对自由的理解提升到对整个客观存在的世界。毛泽东用简

---

[1] 张文显. 法理学 [M]. 北京：高等教育出版社, 北京大学出版社 2011：264.
[2] 何锡蓉. 当代中国的精神旗帜 [M]. 上海：上海人民出版社, 2014：112-113.

洁、精炼的言语总结了自由："自由是对必然的认识和对客观世界的创造。"① 从此，中国人为实现共产主义理想型自由而不断努力奋斗着。

党的十七大报告提出要"加强公民意识教育，树立社会主义民主法治、自由平等、公平正义理念"。党的十八大则将"自由"纳入社会主义核心价值观的基本内容中加以倡导。

3. 树立正确的自由观

我们树立的自由观是：

（1）正确的自由是经过法律确认的自由

自由需要得到法律的确认。法律是有国家强制力保证实施的调整社会关系的行为规范，因此，自由只有在经过法律确认后，人才能真正实现自由。

首先，自由需要法律确认其内容。比如我国宪法第三十五条规定："中华人民共和国公民有言论、出版、集会、结社、游行、示威的自由。"人们根据这个规定享有言论自由，这个言论自由的实现与否只跟自己的意志有关，与他人的意志无关。

其次，自由需要法律确认其实现的保障措施。宪法第四十一条规定："由于国家机关和国家工作人员侵犯公民权利而受到损失的人，有依照法律规定取得赔偿的权利。"

最后，自由需要法律约束其无限扩张。无论是个人的自由权和公权力都要防止权力的扩张，个人自由权的扩张势必会侵害他人合法权益，公权力的无限扩张会侵犯个人权利。

（2）正确的自由需要符合社会公序良俗

法律和道德是调控社会关系的两种行为规范，二者相辅相成。公序良俗是公共秩序与善良风俗的简称，是道德中的重要内容，主要指国家利益、社会经济秩序、社会公共秩序和良好的道德风尚。部分公序良俗经过历史的演变和社会的发展，已经被法律吸收，被赋予强制性，另一部分则依然以公序良俗存在，作为社会关系的调控手段发挥着积极的作用。法律调控社会关系具有一定的不全面性和滞后性，因此，未被法律确认的自由的实现要符合社会公序良俗。否则它存在具有侵犯性的可能性。

---

① 毛泽东著作选读：下册[M].北京：人民出版社，1986：33.

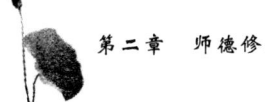

第二章 师德修养的价值标杆

4. 避免将自由绝对化

自由如果离开法律的约束将会无限扩张。无限扩张的自由将会导致社会的无序,任何人随时可能成为侵权者或者受害者,并无休止地纠缠下去。将自由绝对化违背了辩证唯物主义中事物绝对性和相对性的哲学原理。

孟德斯鸠说:"自由不是无限制的自由,自由是一种能做法律许可的任何事的权力。"恩格斯说:"自由不在于幻想中摆脱自然规律而独立,而在于认识这些规律,从而能够有计划地使自然规律为一定的目的服务。"① 自由不是没有限制的、能够为所欲为的权力。在倡导自由的同时,我们要树立正确的自由观念,避免将自由绝对化。我们认为,自由是作为社会主体的人在法律允许的范围内实现自己的自由意志。

(二)教师应具有自由之翼,追求创造自由

自由,如同翅膀,有了它,人才能翱翔社会,翱翔世界。马克思恩格斯在《共产党宣言》中明确表达了所要追求的目标:"代替那存在着阶级和阶级对立的资产阶级旧社会的,将是这样一个联合体,在那里,每个人的自由发展是一切人的自由发展的条件。"② 正因为自由如此,中国共产党才将自由作为我们的社会主义核心价值取向之一。社会主义作为共产主义的初级阶段,是追求"人的自由全面发展"的伟大事业。教师在从教过程中若没有自由,所受的限制、限定和规则太多,则会让教育工作变得机械化,没有创造力。教师应具有自由之翼,充分发挥个人特长,优化教育技能,提高教育结果。

1. 教师应具有自由之翼

(1)教师基于人的属性,需要有自由之翼

自由是人的属性,人要作为一个主体生存就离不开自由。如果人没有自由,他就丧失了主体资格,生活就被动化、奴役化。教师首先是人,是被赋予了特殊身份的自然人,如果没有自由,教师也就丧失了其存在的最基本要件。因此,教师基于人的属性,需要有自由之翼。

(2)教师基于教师的职能,需要有自由之翼

教师是从事教育工作的职业化人群,是传授知识、经验的人。从教过程中,教师拥有自由,对顺利完成教学工作,达到教学目的具有非常重要的意义。如果没有自由,教师的传道授业解惑只能在规定的狭小的范围内进行,

---

① 马克思恩格斯选集:第3卷[M].北京:人民出版社,1995:455.
② 马克思恩格斯选集:第1卷[M].北京:人民出版社,1995:294.

如果没有自由，教师不能根据学生的特征和自身的特长寻找最佳的教育方式和获得最佳的教学结果。如果没有自由，教师便不能引领学生树立科学的价值观。

（3）教师基于个人的发展，需要有自由之翼

人不仅要生存，还要发展。每个人都不断在为生存和发展而努力。为了更好地生存，人在不断地追求和实现"生存无忧"。教师如果没有自由，那就不能根据自己的愿望有选择性的汲取更多的知识，也不能根据自己的特长充分展现自己的才能，教师在专业和业务上得不到发展。

（4）教师基于社会的发展，需要有自由之翼

没有自由，教师得不到发展，教育也将陷入教条、知识陈旧、跟不上社会发展的境地。人对自由的追求以及社会自由程度的提高既是人类发展的保证，也是人类向新的自由度迈进、获得新的发展的保证。自由是人们奋进的动力和目标之一，人类沿着奔向更高的自由之路不断地超越过去，开创未来。

2. 教师要追求创造自由

教师享有什么样的自由称为教育自由，教育自由是指在教育过程中，作为教育主体的人所应享有的自由，包括教育者（教师）的自由和受教育者（学生）的自由。教师追求的自由包括：

（1）教师自身的自由

第一，教师的人身自由。作为教育主体的教师首先应具有作为人的最基本的权利——人身自由权。人身自由权是指人的身体自由不受侵犯的权利，未经法律允许，不得非法限制、监禁、逮捕或羁押，不得非法搜查身体等。在我国，人身自由权还包括公民住宅不受侵犯、通信自由和通信秘密受法律保护等。教师首先具有人的属性，因此，在从教过程中应该享有人身自由的权利。

第二，教师意志自由。意志自由包括很多方面，人有选择从教或不从教的自由，有选择在什么地方从教的自由。在教育过程中，教师有自由表达自己的意思的自由，有指定教学计划、选择教学方法的自由，对教学设备进行选择使用的自由，对教材进行编制、选择和使用的自由，有对学生进行指导和帮助的权利，有参与学校民主管理的权利等等。

第三，教师发展的自由。社会不断在发展，个人也需要不断发展、进步。作为教育者，他的成长不仅是满足自身的需要，也是为了能更好地"教"的需要。教师有个性自主发展的自由；有不断完善知识结构、提高专

第二章　师德修养的价值标杆

业技能的自由；教师还有利用教育资源的自由。

（2）保证学生享有自由

教师要保证学生享有的教育自由包括：

第一，保证学生的人身自由。学生和教师一样享有人身自由，人身自由是因出生而享有的，因此，任何人不得因年龄、性别、种族等缘由剥夺学生的人身自由。不得以体罚、辱骂等行为侵害学生的人身权利。

第二，保证学生受教育的自由。我国宪法第四十六条规定："中华人民共和国公民有受教育的权利和义务。"《教育法》《义务教育法》中都有相关的规定。

第三，保证学生表达意志的自由。学生也像教师一样有表达意志的自由。学生有权利向教师和学校表达对教学、学校管理等方面的需求和建议。对学校给予的处分不服向有关部门提出申诉，对学校、教师侵犯其人身权、财产权等合法权益，提出申诉或者依法提起诉讼的自由。

第四，保证学生有获得其他法律法规、校纪校规规定的自由。比如《教育法》第四十二条规定了受教育者享有参加教育教学计划安排的自由，有按照国家有关规定获得奖学金、贷学金、助学金等的自由。

（3）教师追求的最大自由是创造自由

作为社会主义核心价值观的基本内容，自由不只是哲学意义上的抽象概论，其实质是社会主义社会的现实追求，表达着社会自由的内涵，追求的是"人在社会生活中，在法律和道德允许的范围内，在从事各种社会活动和处理各种社会关系时，能够按照自己的需要、利益以及价值观等所形成的意志，决定自己做什么和不做什么，即独立自主地决定自己的行动"[1]。目前影响教师教育自由主要有以下两个方面：一是经验主义让教育陷入模式化、教条化；二是应试教育让教学陷入目标单一化、教学内容僵硬化、知识无味化。实现教师教育自由，除了需要国家在教育政策法律法规方面做出新的指导和规定外，教师也需要在教育过程中追求创造自由。当然，教师在从教过程中追求创造自由要符合社会主义道德和法律的要求，不能随意将教师自由权无限扩张。

---

[1] 本书编写组. 社会主义核心价值观 [M]. 北京：新华出版社，2014：133.

社会主义核心价值观与师德修养

【案例】

全国著名特级教师窦桂梅

窦桂梅，从教于清华附小，现任清华附小党总支书记、校长。先后获得全国模范教师，全国师德先进个人，全国教育系统劳动模范，被评为"建国六十年来从课堂里走出来的教育专家"之一。2014年9月，窦桂梅带领语文团队获得首届基础教育国家级教学成果一等奖。

30年来，她对小学语文的教学目标、内容、实施策略、课程资源、评价等方面进行了改革，逐步发展完善为小学语文主题教学思想和实践体系，并在学科教学的基础上拓展延伸到学校"1＋X课程"的整体构建。

（一）探索阶段

为破解教学内容碎片化困境，采用亲身实践的方法。从1994年开始探索"语文教学民族化与现代化研究"，结合一个班，从一年级一直教到六年级的六年实践研究，提出"三个超越"的理念，即"基于教材，超越教材；立足课堂，超越课堂；尊重教师，超越教师"。

（二）形成阶段

2000年9月她结合课标，借鉴西方课程统整理论，尝试将教材中单篇课文碎片化的教学内容，以主题加以统整，并形成相应的教学模式。2001至2003年，以"友情""伟大的友谊"为主题，一篇带多篇，牵主题一发，带动听说读写全身，正式提出主题教学。2004至2005年，继续以课例推动。从文本中提取主题，以主题优化整合多种课程资源，而后加强提升学生思维品质的研究。2006至2007年，开始实践不同文体的课例：经典诵读和整本书阅读。把阅读纳入课程体系，实现了"课外阅读课内化，课内阅读教学化"。六年多的实践研究，丰富了主题内涵，初步形成了小学语文主题教学实践模型。

（三）深化阶段

如何让思想烛照现实，更好提升儿童语文综合素养和核心价值观。运用主题教学思想，借鉴多种理论系统构建，完善教学体系。前后10余年，出版了12册《小学语文质量目标手册》（以下称《目标手册》）。

将《目标手册》转化为儿童的学习过程。主题单元整合学习内容，用三年多时间出版《小学语文乐学手册》（以下称《乐学手册》），并用该手册作为载体改革课堂教学方式。以《魅力》《牛郎织女》等课例，明确以"四维度"为增值点，以儿童乐学、善学为导向的动态课堂，并完善多维度的评价

第二章 师德修养的价值标杆

体系。利用主题教学中的整合思维,打破学科分立,实现学科有机融合。2013年执教多学科整合课《皇帝的新装》《大脚丫跳芭蕾》,得到钟秉林、谢维和、朱小蔓等专家肯定,以此推动学校课程整合,构建"1+X课程"育人模式。

六年多的实践研究,重建了课堂形态,形成目标、内容、实施、评价四位一体的主题教学系统,很好地解决了"教什么、怎么教、怎么评"的问题。以主题整合,优化各学科学习内容、方法及路径,使儿童在学科内、跨学科整合中,学有兴趣,学有方法,学有创新。

窦桂梅多年来一直工作在教学一线,她所倡导的小学语文主题教学理论与实践在全国产生很大影响,在小学语文发展和学科建设上起到了引领的作用。

(资料来源:百度百科)

窦桂梅老师多年来一直工作在教学一线,30年来在教学过程中不断探索怎样更好地面向全体儿童,提高语文素养,培养完整人格。在此过程中,她对小学语文的教学目标、内容、实施策略、课程资源、评价等方面进行了改革,逐步发展完善为小学语文主题教学思想和实践体系。窦桂梅老师的教学思想是自由的,理念是超前的,着眼点是人的发展,这种创新模式让教学内容集约化,充分体现了教育过程中教师享有教育自由的重要性。在扬州"主题教学研讨会"上,成尚荣等专家评价:"主题教学因其独特的主题内涵,已经从一种创新的教学模式,发展为教学思想。"

二、师德修养的价值取向——平等

"平等"是古往今来人类追求的价值理想,是社会历史发展进步的精神动力和重要标志。

(一)辩证看待平等价值取向,树立平等观念

1. 理解平等的概念

关于"平等"的词义解释很多,一般的平等指的是公民在法律面前的一律平等,其价值取向是不断实现实质平等。它要求尊重和保障人权,人人依法享有平等参与、平等发展的权利。作为社会主义核心价值观中的"平等"是人们在经济、政治、文化等方面享有的同等的权利。平等关于公民的尊严

和幸福。① 平等也是人类的理想之一。

2. 了解平等的由来

平等思想在西方哲学史上源远流长。在古希腊时期,毕达哥拉斯学派提出公民的平等是真理和正义所要求的平等;亚里士多德在阐述平等和正义的时候认为正义是某些事物的平等观念,正义是相等的人就该派分到相等的事物。在欧洲启蒙运动时期,格劳秀斯和斯宾诺莎提出"天赋人权论"。霍布斯认为每一个人都应当承认他人与自己生而平等。洛克认为自然状态是一种平等的状态,人们既是平等和独立的,任何人都不得侵害他人的生命、健康、自由或财产。卢梭在完成"天赋人权论"系统化工作的时候认为,在自然状态下不平等几乎是不存在的、每个人都生而自由、平等。20世纪罗尔斯在其《正义论》中对平等提出了新的看法:一个正义的社会就是要最大限度地实现平等。资产阶级以自由、平等、民主为旗帜,推翻了封建制度在欧洲的统治。《人权宣言》中明确:"法治社会贯穿最基本的原则就是人人平等。"

在中国,孔子在《论语》中有过这样的论述:"丘也闻:有国有家者,不患寡而患不均,不患贫而患不安。盖均无贫,和无寡,安无倾。"这是儒家思想倡导的在经济上的平等;另外在"学在官府"的背景下,孔子开设私学,主张"有教无类",曰"自行束脩以上,吾未尝无诲焉",打破了当时的教育偏见,实现受教育机会的平等。《礼记·礼运》将理想社会描述为"大道之行也,天下为公,选贤与能,讲信修睦。古人不独亲其亲,不独子其子;使老有所终,壮有所用,幼有所长,鳏寡、孤独、废残者皆有所养;男有分,女有归"。此外,墨家的"兼相爱,交相利"、"尚贤、尚同"反映了"尚兼反别"的平等观念。道家提倡"天人平等"和"人际平等"。佛教从"缘起性空"基础上提倡本体意义上的佛教平等。

党的十七大报告在强调了"坚持平等保护物权""坚持各民族一律平等""坚持公民在法律面前一律平等""保障经济困难家庭、进城务工人员子女平等接受义务教育""形成城乡劳动者平等就业的制度"等有关社会生活中的"平等"外,还特地强调了"尊重和保障人权,依法保证全体社会成员平等参与、平等发展的权利"。

党的十八大将平等作为社会主义核心价值观的重要内容之一提出来,凸显了我们对平等的追求。在社会主义的今天,实现马克思主义中国化,将马

---

① 李松. 中国一定能用核心价值观托起未来 [M]. 北京:新华出版社,2013:129.

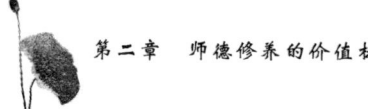

第二章 师德修养的价值标杆

克思主义的平等理论与中国传统文化中的平等理念相结合而得出的作为社会主义核心价值观重要思想之一的平等理念，无疑将会为人们追求平等的实现提供更好的理论支持和理论指导。倡导平等，对社会而言，公正、平等对待每个社会成员，这个社会才会变得更和谐；对个人而言，公正、平等地对待周围的人才能赢得他人的信赖与尊重！

3. 树立正确的平等观

（1）平等是指公民权利上的平等

《中华人民共和国宪法》第三十三条规定："中华人民共和国公民在法律面前一律平等。"也就是说，任何公民不分民族、种族、性别、职业、家庭出身、宗教、文化程度、财产状况等都一律平等地享有宪法和法律规定的权利、承担义务。公民的合法权益一律平等地受到保护，没有任何人享有法律之外的特权。

（2）平等是公民人格的平等

人格是人维护生存和尊严必备的人身权利，它包括生命权、健康权、姓名权、名誉权等等。《中华人民共和国宪法》第三十八条规定："中华人民共和国公民的人格尊严不受侵犯。禁止用任何方法对公民进行侮辱、诽谤和诬告陷害。"公民的人格是一律平等的，公民的人格尊严受到法律的保护。任何人的人格尊严不受侵犯，禁止用任何方法对公民进行侮辱、诽谤和诬告陷害。

（3）平等是指公民的机会平等

人是社会的人，他的生存和发展都离不开社会。要以个人的生存和发展来促进整个社会的发展，那么对每个个体的人的机会应该是平等的。机会不平等是个人成功道路上的绊脚石。机会平等即人人都有平等参与、平等选择、平等竞争的机会。

4. 避免将自由绝对化

（1）平等是具体的、历史的

平等观念属于上层建筑，是特定历史条件下特定经济关系的反映。经济基础决定上层建筑，有什么样的物质条件，就有什么样的平等与平等观。原始社会生产力水平低下，阶级和贫富尚无太大差别，氏族成员因此过着原始的平等生活。奴隶社会和封建社会经济得到了发展，进而带来了等级制度，人人平等即成了人的梦想，成为人追求的目标。资本主义社会虽然是建立在"人人平等"的价值理念上的，但是"平等"仍然是停留在口号层面，资本主义私人占有生产资料必然导致的资本主义社会的不平等。

(2) 平等是相对的，不是绝对的

马克思主义哲学认为，世界上任何事物都具有绝对性与相对性两个方面。平等作为人类的理想追求，也是人类的理性认识，同样具有绝对性和相对性。绝对的平等是不存在的。

(3) 平等不是平均，防止平均化

长期以来，很多人曲解了平等的真正含义，认为平等就是平均。平等不等于平均。平等强调的是机会的平等、权利的平等、义务的平等，而平均强调的是具体的、形式上的平等。平均是为了得到平等的结果、可能会带来平等，但不必然带来平等，同样平等可能导致结果上的平均，但并不必然带来平均。我们要辩证地看待平等，树立正确的平等观。平均主义形成于原始社会，主要体现在劳动成果的分配上，在新的社会形态下，平均主义抹杀了事物的个性，已经不适应时代的发展，是树立正确的平等观所应避免的错误思想。平等是为了公平，但是公平不是结果的平均，它也不可能实现结果的平均。我们所追求的平等是法律面前人人平等。

(二) 教师应具有平等之爱，追求教育平等

教育平等权是平等权中的一种，它是平等权在教育中的体现。教育平等权是指每个人都应该享有受教育的权利，不论其性别、种族、民族、宗教等，国家应该平等对待每一个人，保证其参与教育活动不受歧视和限制，为其谋求自身发展、实现自我完善提供平等、充分的权利。教育平等权的价值根基在于人权的平等，在现实中即表现为对于每一位公民应一律平等，反对在教育方面的任何歧视性对待。①

1. 教师应具有平等之爱

教师是教育的主体，在教育改革、实现教育平等中肩负着重要责任。

(1) 教师的平等之爱是实现社会平等的要求

目前我国由于地区经济发展不平衡、社会阶层分化等原因让我国的教育实际上存在一定的不平等现象。教育平等是社会平等的重要内容，是维护教育公平公正的基础。追求教育平等是中国特色社会主义的内在要求之一。当每一个人都能平等地享有应该享有的权利，平等地获得应当享有的受教育权时，就会实现教育平等，进而促进整个社会的公平正义。"人只有靠教育才能成人"，"教育赋予我们在出生时所缺乏的一切和我们作为成人所需要的一切"。教育对个人具有重要作用，它不仅关系到个人的生存，还影响到个人

---

① 魏沛鸿. 国际人权法视角下的教育平等权研究 [D]. 2013: 2.

第二章 师德修养的价值标杆

将来的发展。在充满竞争的人类社会，获得平等的教育机会、教育资源，才能获得平等的竞争机会，展开平等的竞争。

（2）教师的平等之爱是教师职业道德的要求

《中小学教师职业道德规范》第三条明确规定："关爱学生。关心爱护全体学生，尊重学生人格，平等公正对待学生。对学生严慈相济，做学生良师益友。保护学生安全，关心学生健康，维护学生权益。不讽刺、挖苦、歧视学生，不体罚或变相体罚学生。""关爱学生"是师德的灵魂。亲其师，信其道。没有爱，就没有教育。教师必须关心爱护全体学生，尊重学生人格，平等公正对待学生。对学生严慈相济，做学生良师益友。保护学生安全，关心学生健康，维护学生权益。

（3）教师的平等之爱是教师特殊身份的要求

教师是人类灵魂的工程师，是青少年学生成长的引路人。"学高为师，身正为范"。教师法第三条规定："教师是履行教育教学职责的专业人员，承担教书育人、培养社会主义事业建设者和接班人、提高民族素质的使命。教师应当忠诚于人民的教育事业。"学生因为教师的学识和道德修养而尊敬老师，爱戴老师。教师在从教过程中如果做不到平等，必然会引起师生关系的不和谐。教师工作是直接教育人的特殊职业，教师的思想政治素质和职业道德水平直接关系到学生德育工作状况和亿万青少年的健康成长，关系到国家的前途命运和民族的未来。

（4）教师的平等之爱是构建和谐社会的要求

社会主义和谐社会是人类孜孜以求的一种美好社会，是马克思主义政党不懈追求的一种社会理想。教育关系是社会关系的一种，教育关系的和谐是和谐社会的一部分。教师能否在教学中具有平等之爱直接关乎着教师在学生、家长心目中的位置，也间接影响了教育的社会结果。因此，教师在从教过程中能否做到对每一位学生具有平等之爱，直接关系到师生关系、家长与学校、民众与政府等教育关系，重建教育平等是构建和谐社会的必然要求。目前，实现教育平等的条件已初步具备，但完善教育平等的稳步推进有两个必要性前提。一是社会政治经济条件。经济持续增长的物质支撑和政治制度对权利的保障至关重要，这一点前文已有叙述，这里不再重复。二是对现有教育体制深度全面的改革。从现实性方面来看，其对于教育平等进程的影响和作用更为直接和深远。收费、不平等、质量滑坡、腐败行为等致使教育的社会声誉降到20年来的最低点，我们要防止经济主义等急功近利的短期行为对教育的伤害，以及由此带来的教育的失衡和异化。在和谐社会中，需要的是以人为中心、以人为本的价值理念，需要的是民主的教育、有用的教育、活的教育。教育成为社会文明、道德、文化的传承者，成为创新的源泉，才是和谐教育和平等教育的应然状态。

2. 教师要追求师生平等

平等作为构建理想社会的基本价值取向，是指人们在经济、政治、文化等方面享有同等的权利。教育平等是指人们在教育权方面享有同等的权利。教育平等主要包括两个方面：一是受教育者之间的平等；二是受教育者与教育者之间的平等。

（1）教师要保障学生间的平等

教育平等权是指公民依法享有的要求国家积极提供均等的受教育条件和机会，通过学习来提高其个性、才智和身心能力，以获得平等的生存和发展机会的基本权利。① 要实现教育平等，应当在社会建立一种平等的机制，合理分配资源，使得每一个人都能够平等地接受教育而不因其民族、性别、出生等受到歧视。党的十八大报告提出："大力促进教育公平，合理配置教育资源，重点向农村、边远、贫困、民族地区倾斜，支持特殊教育，提高家庭经济困难学生资助水平，积极推动农民工子女平等接受教育，让每个孩子都能成为有用之才。"作为我国的一项基本国策，教育平等的一再强调也体现了社会主义平等理念。这种平等尤其体现在对进城务工人员子女平等受教育权的维护上。党的十七大报告中提到："保障经济困难家庭、进城务工人员子女平等接受义务教育。"而在十八报告中相应的内容则修改为："积极推动农民工子女平等接受教育。"从"义务教育"到"教育"，虽然只是删除了两个字，但意义却是深远的。这意味着教育中所体现的平等理念不仅存在于义务教育阶段，包括学前教育、高中阶段的教育乃至高等教育，都应该平等地向所有人开放。

受教育者之间的平等主要包括以下几个方面：教育资源平等、教育机会平等、防止教育平均化。

第一，保障学生享有的教育资源平等。

对于教育而言，首先意味着每一个人能够在同等的条件下自由学习，充分发挥自我的主观能动性，尽可能地掌握各种知识、技能以及培养各种能力，天赋这种个人独有的不可消除的因素就被排除在外，权力也被排除在外。教育资源就是指师资力量、教学设施、生活设施、教育制度等资源。这

---

① 李步云. 人权法学 [M]. 北京：高等教育出版社，2005：264.

第二章　师德修养的价值标杆

些资源的获得，最终有赖于财政资源。教育资源的平等最终归结于公民对国家财政投入的平等享有和利用。①对于学生来说，教育资源平等是指每一个学生能够平等获得、利用财政投入、师资、教学设备等资源。可以说，教育资源决定了人们教育机会实现的可能性、广度和深度。教育机会平等的核心在于教育资源的平等获得和利用。教育机会平等要求国家干预社会，使得条件相同的人能够享受到平等的对待。

第二，保障学生受教育的机会平等。

我国《义务教育法》第四条规定："凡具有中华人民共和国国籍的适龄儿童、少年，不分性别、民族、种族、家庭财产状况、宗教信仰等，依法享有平等接受义务教育的权利，并履行接受义务教育的义务。"第二十九条规定："教师在教育教学中应当平等对待学生，关注学生的个体差异，因材施教，促进学生的充分发展。教师应当尊重学生的人格，不得歧视学生，不得对学生实施体罚、变相体罚或者其他侮辱人格尊严的行为，不得侵犯学生合法权益。"教育平等权就是要求消除教育特权。所谓特权，就是某些人因为具有某种身份、属于某个特殊阶层或者享有某种特殊对待而使其获得的某种优势，其基于这种优势，可以比别人更容易获得利益而不必通过努力。对于那些不具有这种优势的人，他们的生活可能处于正常水平之下。特权阶层在社会中可能有着广泛的联系，单靠个人的力量无法消除这种不平等。因此，政府必须通过"平等的措施"消除特权，真正实现"人人享有平等的受教育权"。而要消除这种不平等，首先我们要做的就是非歧视的对待。所谓"非歧视"，就是任何人都享有上学的机会，而不论其身份、肤色、种族、民族、收入、宗教、政治见解等。其核心含义是"无区别"。该原则要求政府在确定哪些人能够获得受教育的机会时应排除诸如身份、肤色、种族、民族、收入、宗教、政治见解等一些不相关的因素，例如，强迫少数民族学生进入较差的学校，就是典型的歧视。政府还应当采取一个中立的评价机制，以此作为参考标准来确定哪些人能够获得受教育的机会，并且这一标准应当在全社会得到广泛的承认，排除特权的干涉，不去人为地制造歧视，例如，高中在录取新生时以考试成绩作为标准。

第三，注意防止教育平均化。

实质平等是教育平等不懈追求的目标。在追求受教育者之间平等的同时要注意避免"平均化"。采取平均的标准能够避免故意的不平等，然而在现

---

① 魏沛鸿. 国际人权法视角下的教育平等权研究 [D]. 2013: 8.

社会主义核心价值观与师德修养

实生活中,平均的标准不能解决全部的问题。我国实现教育平等的实践中,忽视现实差别的形式平等貌似最为公平,但实际上我们应该清楚地看到,在我国发展极不平衡的国情下,在永远无法抹杀的个体差异的前提下,看似完美的形式平等只能与我们追求的平等价值背道而驰。① 因此,平等并不等于平均,只有承认差别的实质平等才是我们所追求的平等。"一些人为了实现正义,竟然强硬地主张,所有的人都应当以同样的机会为出发点;然而我们需要指出的是,不论这些人的动机多么值得称道,他们的主张却是一种根本不可能实现的理想。"②

(2) 教师要追求师生间的平等

陶行知先生曾写了一首诗《小孩不小歌》,内容是这样的:"你若小看小孩子,便比小孩还要小。"这首诗很简短,却蕴含了在教育过程中要平等地对待学生的道理。教育者与受教育者之间的平等,即是教师与学生之间的平等。教师与学生都是教育过程中的主体,都是具有独立人格的人,两者在人格上完全平等,即师生之间只有价值的平等,而没有高低、强弱之分。师生关系是一种平等、理解、双向的人与人的关系,这种关系得以建立和表征的最基本形式和途径便是交往,离开了交往,师生关系就只是外在的,而不能成为教育力量的真正源泉,甚至反倒成了教育的阻力。

当前师生人际关系中普遍存在着教师中心主义和管理主义倾向,严重地剥夺了学生的自主性,伤害了学生的自尊心,摧残了学生的自信心,由此导致学生对教师的怨恨和抵触情绪,师生关系经常处于冲突和对立之中。改变师生关系因此被提到议事日程上来,成为一个焦点。可以说,通过交往,重建人道的、和谐的、民主的、平等的师生关系是我们追求教育平等的重要任务。相信在这样的师生关系中,学生会体验到平等、自由、民主、尊重、信任、友善,同时受到激励、鼓舞、指导和建议,形成积极的、丰富的人生态度与情感体验。

要实现教育的真正平等,任重道远。作为国家,要从制度层面上来解决国家的政策导向和法律强制力的支撑。目前教育出现的不平等现象是我们处于社会主义初级阶段、经济还不充分发达的情况下必然存在的现象,国家需要通过政策来对教育进行导向。同时,对于严重偏离教育平等的范畴,需要

---

① 梁爽."论教育平等权与合理差别",中国教育法制评论,2011(9):89.
② 哈耶克著. 自由秩序原理(下)[M]. 邓正来译. 北京:生活·读书·新知三联书店,1997:170.

 第二章　师德修养的价值标杆

借助于法律的强制力来进行调控。

作为教师，要从观念上解决追求教育平等的重点是追求师生平等。中国有句古语，"一日为师，终身为父"，这种状态下的师生关系是一种拟制的父权关系，教师的地位是凌驾于学生之上，与我们所提倡的师生平等关系大相径庭。根据现代法理，教师和学生的地位在法律上是平等的，都具有独立的人格。教师不能随意侵犯学生的人格权，不能随意以居高临下之势体罚学生，不能随便以言语侮辱学生。教师要尊重每一位学生，尊重每一位学生的个性发展。

下面是一位教师在从教过程中如何实践教育平等的案例。

【案例】

做每个孩子的真心朋友——兰州市实验幼儿园园长刘志

在甘肃省兰州市南河新村小区，一幢装饰漂亮的三层小楼格外引人注目。这就是"孩子王"刘志的天地——兰州市实验幼儿园。

26年来，从一名幼儿教师成长为一名省级示范性幼儿园园长，从一个初出茅庐的大学生成长为享誉省内外的幼教专家，无论身份如何变化，刘志在兰州市实验幼儿园这方小天地内，一以贯之地坚守着让孩子们拥有快乐童年的信念，用爱心为孩子播撒幸福的种子，成为幼儿园一批批幼儿的"园长朋友"。

躬下身子，与每一个孩子做朋友。

……

6点起床，6：30到幼儿园看书，7：30迎接幼儿入园，10点到班上巡查，12：30检查幼儿午休，18：30回家……这是刘志一天的主要安排。多年来，她总是每天第一个到园，最后一个离园，每天都要深入班级了解孩子们的饮食、午休和教育教学活动的开展情况。

幼儿园有6个班级，240名在园幼儿。巡查一遍要花40分钟，这成了刘志和孩子们交流的好机会。"陪我玩套绳"，"帮我捏一个小恐龙"，"我昨天晚上给妈妈讲了一个故事，妈妈夸我讲得好呢"……小朋友争着要刘志陪他们玩游戏、讲故事。

"每天和孩子们聊天、一起玩游戏是我最快乐的事。"刘志能叫出全园孩子的名字，掌握每个孩子的性格特点和在园基本情况，这让她在与家长沟通时能提出有针对性的育儿意见，受到家长的尊敬与爱戴。家长张国杰说，有一次她接孩子回家，半路上碰见刘志，刘志一下就躬下身子跟孩子交流起

社会主义核心价值观与师德修养

来,"这一举动让我很感动,也彻底改变了我对孩子教育的理念和方法,让我意识到家长对待孩子也应该俯下身子,走近孩子,与孩子做朋友,和孩子一起成长"。

怀着一份自然、宽厚的情怀,倾听儿童心底的声音,站在孩子的角度想问题,这是刘志多年来坚守的教育原则。正因为如此,无论什么样的"问题孩子",刘志总能有办法让他们走上健康成长的道路。刘志躬身和幼儿做朋友,许多幼儿也把刘志当作他们的真心朋友。即使孩子们长大离开了幼儿园,他们还惦记着刘志,甚至邀请她参加婚礼。"这种若干年后冷不丁出现的幸福,或许是教师职业所特有的。"每当这时,刘志总感到很幸福。

(资料来源:2013年9月11日《中国青年报》)

刘志在教职工中大力提倡"爱、勤、精、新"精神,要求教师理智、完整、有智慧地爱幼儿。刘志老师在从教过程中能够做到平等地对待每一位同学,在实践中倾注了她对学生的平等之爱,安安静静、扎扎实实、勤勤恳恳履行好自己的岗位职责,用精细化塑造教育的魅力、打造教育的品牌,以新的儿童观、教育观、发展观、质量观引领学前教育发展。

三、师德修养的价值取向——公正

公正是以人的解放、人的自由平等权利的获得为前提,是国家、社会应然的根本价值理念。十八大报告指出,我国的社会主义现代化建设必须坚持维护社会公平正义。公平正义是中国特色社会主义的内在要求。要在全体人民共同奋斗、经济社会发展的基础上,加紧建设对保障社会公平正义具有重大作用的制度,逐步建立以权利公平、机会公平、规则公平为主要内容的社会公平保障体系,努力营造公平的社会环境,保证人民平等参与、平等发展权利。

(一)认真对待公正价值取向,树立公正观念

1. 理解公正的概念

公正,目前大部分论述将之理解为公平和正义,包含了公平和正义两层含义。"公平通常指一种基于一定标准或原则而对待人和事物的不偏不倚的态度。正义则通常与一定的社会制度特别是法律的尊严的体现相联系,主要指制度和行为结果中应然体现的原则。"[①] 本书中对作为核心价值观之一的

---

① 郝立新.中国特色社会主义的公正理念[N].光明日报,2013-05-04.

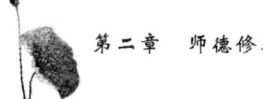

第二章 师德修养的价值标杆

"公正"的研究侧重点放在正义上。

2. 了解公正的由来

在西方,公正最早见于荷马史诗。柏拉图在《理想国》中论述了自己的正义观——正义就是平等。亚里士多德从目的论而非功利论主义角度阐述了公正乃是一种适合或般配的公正理念。康德则主张一种德性正义,即"配得的幸福"理论,他认为正义社会应当是一个美德与幸福相称的社会。罗尔斯倡导一种"作为公平的正义",在他看来,"正义是社会的首要价值,正像真理是思想体系的首要价值一样。一种理论,无论它多么精致和简洁,只要它不真实,就必须加以拒绝或修正;同样,某些法律和制度,不管它们如何有效率和条理,只要它们不正义,就必须加以改造或废除……作为人类活动的首要价值,真理和正义是决不妥协的"。

在中国古代,公正更多的是作为一种高尚的道德修养来加以提倡的。"大道之行,天下为公"即是公正之道的体现。儒家把"公正"作为君子的必备素质。例如孔子说:"政者正也,子率以正,孰敢不正?"孟子认为:"君义,莫不义,群正,莫不正。"贾谊曾提出了五十六对道德范围,"公"和"正"是其中的两个。古代思想家还把公正作为理想社会设计的要素之一。不论是孔子的"不患寡而患不均"的大同社会,还是近代康有为的"天下为公"思想,都深刻地体现出中国思想家对"公正"的追求。不仅如此,中国传统道德思想中一直重视以公正作为处事原则,用以调和社会矛盾,实现人际和谐。①

2005年2月,胡锦涛同志在省部级主要领导干部提高构建社会主义和谐社会能力专业研讨班上的讲话中对公平正义作了解释:"公平正义,就是社会各方面利益关系得到妥善协调,人民内部矛盾和其他社会矛盾得到正确处理,社会公平和正义得到切实维护和实现。"②

十六届六中全会《关于构建社会主义和谐社会若干重大问题的决定》中指出:"社会公平正义是社会和谐的基本条件,制度是社会公平正义的根本保证。必须加紧建设对保障社会公平正义具有重大作用的制度,保障人民在政治、经济、文化、社会等方面的权利和利益,引导公民依法行使权利、履行义务。"

党的十七大报告也强调:"要通过发展增加社会物质财富,不断改善人

---

① 戴艳军,吴桦. 大学生与社会主义核心价值观[M]. 北京:中国文史出版社,2014:119.
② 科学发展观重要论述摘编[M]. 北京:中央文献出版社,党建读物出版社,2008:67.

民生活，又要通过发展保障社会公平正义、不断促进社会和谐。""要按照民主法治、公平正义、诚信友爱、充满活力、安定有序、人与自然和谐相处的总要求和共同建设、共同享有的原则，着力解决人民最关心、最直接、最现实的利益问题，努力形成全体人民各尽其能、各得其所而又和谐相处的局面，为发展提供良好社会环境。"

党的十八大报告在八个"必须坚持"中提出："必须坚持维护社会公平正义。公平正义是中国特色社会主义的内在要求。要在全体人民共同奋斗、经济社会发展的基础上，加紧建设对保障社会公平正义具有重大作用的制度，逐步建立以权力公平、机会公平、规则公平为主要内容的社会公平保障体系，努力营造公平的社会环境，保证人民平等参与、平等发展权利。"

3. 树立正确的公正观

公正是现代社会进行制度安排和制度创新的重要依据，是协调社会各个阶层相互关系的基本准则，也是一个社会具有凝聚力、向心力和感召力的重要源泉。它是人类几千年来一直追求的理想和目标。

（1）公正是现代社会的基本需求

随着社会的不断发展、经济水平的不断提高，在调节各种不同利益关系的过程中只有遵循公正的原则，使得绝大多数社会成员都受益，才能获得社会不同利益群体的广泛支持和接纳，才能有效地整合社会各种资源和力量，实现全体社会的团结与合作。

（2）公正是构建和谐社会主义的必然要求

我国经济建设和社会建设在取得巨大成就的同时，也产生了一些突出的矛盾和问题，比如社会贫富差距扩大，部分群众贫困凸显；国民收入分配的城乡差别、区域差别和行业差别呈拉大趋势；社会就业形势严峻，失业问题比较严重；城市农民工生产和生活没有保障；农村剩余劳动力转移面临许多障碍等等。这些矛盾和问题实际上就是社会公正缺乏的体现，这也成为影响我国发展全局的重大问题，成为影响社会和谐的主要因素。

（3）公正是提高效率的最佳保障

一方面，公正有利于提高社会成员参与社会活动的积极性和主动性，促进效率的提高。因为主体内在的评价机制决定着他以什么样的方式和态度参与活动。① 如果一个社会的政治、经济、文化等秩序被认为是公正的，主体就能够做出积极的反应，其活动的结果也往往有较高的效率，反之，他就会

---

① 刘栋. 公正的社会价值和意义［Z］. 中国论文网，2012-04-30.

第二章 师德修养的价值标杆

做出对抗性的反应,其活动的效率往往是低下的。另一方面,公正有利于为持续的效率提供保障。公正的实现有利于整个社会的经济增长和公共福利的改进,能为持续的效率增长提供一个稳定的环境。在缺乏公正的社会,社会效率不可能得到持续地维持。只有在一个公正的社会中,才能实现充分的社会合作和社会整合,进而维持一种持续的社会效率。

4. 防止抽象、绝对的公正

社会主义公正观是社会主义核心价值体系的重要组成部分,也是人们常常挂着嘴边并追求的一种状态,那么到底怎样才算得上公正呢?我们认为,公正不仅仅是指形式上的公正,更重要的是实质意义上的公正。在处理个人与他人、他人与他人、个人与社会的关系中,要做到不偏不倚、公正有序。作为社会主义社会的成员,我们应努力践行公正的社会价值观念,不但要重视公正的程序和形式,还要重视公正的内容和结果,努力追求形式公正和实质公正的统一。马克思主义唯物辩证法认为世界上一切事物无不具有两重性,事物既有相对性的一面,又有绝对性的一面,二者相互统一。绝对公正是我们不断努力的方向,但是我们同时要看到公正的相对性和历史性,主张绝对的公正是与社会相脱节的,不现实的,容易让公正陷入绝对化、教条化的境地。在实践社会主义公正观的过程中,出现了盲目崇拜西方资产阶级的公正观,认为资本主义的公正观是最公正的制度,具有"普世价值"。但是,早在19世纪,马克思就明确指出世界上不存在"永恒的公平""抽象的公平"和"绝对的公平"。他用剩余价值学说揭露了自由竞争资本主义形式公平掩盖下的实质不公平。"西方资产阶级的公正观是一定历史条件下经济关系的观念化反映。"① 目前我国正处于社会主义初级阶段,对社会公正的追求应当从当代国情出发,不能一味追求绝对的、抽象的公正,更不能以未实现的所谓绝对公正来否定社会主义公正观。

(二)教师应具有公正之心,追求教育公正

中国是世界文明古国,孕育了丰富的教育思想。从孔子提出的"有教无类""因材施教",到孟子的"教亦多术",都反映了古代教育公正思想。经历了1300多年的科举制采取"怀谍自进",并且规定了亲属应试的回避制度、阅卷的糊名眷录密封等制度来彰显考试的公正。

新中国成立以后,国家为实现教育公正采取了相关措施。但是因为特殊的社会时期,我国在消除教育不公的同时,又滋生新的教育不公,或者是表

---

① 戴艳军、吴桦. 大学生与社会主义核心价值观[M]. 北京:中国文史出版社,2014:126.

面追求教育公正，实质上又分等对待。因而，在相当长时间内，教育公正原则在我国并没有真正确立起来。一直到了改革开放以后，这一原则才初步得到确立。教育可以兴国，这是我国的基本国策。在教育的实施过程中，教师占着主导地位。因此，教师身上肩负着振兴中华民族的神圣使命，任重道远。

1. 教师应具有公正之心

教师具有公正之心是师德建设和社会主义核心价值观的必然要求。在从教过程中，师生关系是一个相当重要的环节。教师如何对待学生直接影响到学生的学习和生活状况。教师如果对学生抱着赏识的态度，能够提高学生的自信心；教师如果对学生吹毛求疵，学生会局促不安，丧失学习兴趣。教师在从教过程中有意无意表露出来的人生观、价值观也直接影响着学生人生观、价值观和世界观的树立。

上海师范大学曾就"教师工作最重要的品质"进行调查，在对学生的调查中，84%的学生选择了"公正"作为教师工作最重要的品质，92%的学生把"偏私、不公正"看做"最不能原谅的教师品质缺陷"。因此，在从教过程中，教师应具有公正之心，追求教育公正。

2. 教师要追求教育公正

教师的工作是指向人类灵魂，给人正确信仰、价值观念的引导，因此很久以来，教师在社会上具有较强的公信力，但是现今社会中，教师这个职业的神圣感已经被过度的经济观念所冲击。教师在教育过程中出现了与追求教育公正相违背的行为和观念，我们需要扭转目前教育存在的这些不公正的现象。

市场经济条件下，价值观多元化对教师价值观的冲击，影响教师公正威信力的树立。随着市场经济的发展，社会出现了贫富差距，在多元价值观的冲击下，部分教师对钱权的关注度变高。因此，在教学过程中，面对学生时会自觉或不自觉地戴上有色眼镜，对学生的关注度与所收红包成正比，将红包多少视为学生和家长对老师的尊敬程度的表现。对学生的关心爱护跟其家庭背景挂钩，把本应对学生本身的关爱之心换成对学生家庭条件的窥察，歧视、漠视家庭条件困难的学生，在学生和家长中造成极坏的影响。

不少教师对学生缺乏耐心，不能真正以公正之心对待学生。有人说，这是个浮躁的年代。虽然说这种说法有以偏概全之嫌，但是它确实反映了部分人的心理状态。老师在从教过程中不能时时刻刻维护自己在学生心目中的形象，不能耐心地对待每一位学生。每个学生都是独特的个体，具有不同于其

第二章 师德修养的价值标杆

他人的特性。在他们的成长过程中,有的人较早地表现出学习的自觉性、主动性和积极性,因而在班级和学校生活中表现得非常优秀,而有的学生却属于"开化"比较晚的,他们会更多地表现出顽皮、不爱学习、难以管教的特性。不少教师往往凭表象就给学生定型,进而采取不同的态度对待学生。对听话的、成绩好的经常给予表扬,对成绩差、调皮的孩子经常呵斥甚至体罚,学生从而产生抵抗的情绪,学习越来越差。教师在上课过程中对学生的关注和期待程度也会直接影响到学生的学习结果。现实生活中,部分教师会给好学生更多的关注、期望和表现的机会,而对"差生"则采取辱骂、冷暴力,这些都跟教育公正、社会公正相违背。

陶行知先生曾说过:"教育为公以达天下为公。"教育公正是社会公正的基础,而教师是教育公正的实施主体之一,因此,教师在从教过程中,能够以一颗公正之心对待每一位学生,相信教育公正的实现会向前迈一大步。教师追求教育工作的重点应该放在对学生的评价上。"随着人类社会的进化与发展,正义的观念逐渐与人们的道德职责、法制观念等相互渗透,使它'不仅适用于客体的交换',而且'逐渐延伸到人与人之间的相互交往'。"[①] 教师在从教过程中,应对学生进行深入了解,不受学生家庭、学生缺点以及其他因素的影响而作出的中肯的评价,在此评价基础上,因材施教,尊重学生个性,让学生充分发挥特长,发展成为他应当成为的人。

下面我们来看看2014年全国教书育人楷模谢小双老师是如何在教学过程中做到公正对待每一位同学的。

【案例】

不放弃一个学生的好教师——记上海市杨浦区辛灵中学校长谢小双

那一年,辛灵中学突发一起学生自杀事件,谢小双临危受命,从包头中学调到辛灵中学,担任校长兼党支部书记。当谢小双踏进辛灵的校园,眼前的一切让他震惊!这是一所怎样的学校啊?学生中来自离异、单亲、重组家庭的占63%,低保家庭的占1/3。绝大多数学生行为不良,学习困难,打架斗殴、夜不归宿、沉溺网络、小偷小摸的情况经常上演……谢小双暗自立下了这样的目标——让人人成功,人人成才。

……

在谢小双不懈的努力下,辛灵中学的面貌很快焕然一新:学生从刚进校

---

① 万俊人. 现代西方伦理学史:上卷[M]. 北京:北京大学出版社,1990:215.

社会主义核心价值观与师德修养

时不愿意来发展到初三毕业时不愿意走，每年初三告别会，毕业班的学生都会满含热泪拥抱着老师久久不愿离开！这一切，都源自谢小双的"一个都不放弃"！

学生晓黎因为抽烟、逃学、沉迷网游、夜不归宿等不良行为，被家长送到了辛灵中学。进校时她染着黄发，穿着奇装，走起路来耳环、挂饰叮当响。九月进校，"十一"长假后，晓黎就逃学了。当谢小双踏进她家，眼前的景象让他吃了一惊：母女俩蜗居在一间小屋，家徒四壁，一片凄凉。原来，晓黎自幼父母离异，她随母亲生活，可母亲没有正当工作，靠低保生活。谢小双心里很沉重："这样的孩子，这样的家庭，如果我们不拉她一把，再滑一步，她很可能一辈子无法回头。"于是，谢小双将她"请"回了学校。可是两周后，晓黎故态复萌，再次逃学。谢小双再次家访，晓黎的母亲过意不去，劝谢小双"算了吧"。但谢小双不放弃，反而决定每周一早上，自己开车到晓黎家把她接到学校。

两次、三次……从此，每周一的早上，晓黎都会享受"公主待遇"，校长开车接她上学。由于成绩不好、行为偏差而经常遭人白眼的晓黎感受到了从未有过的关爱和呵护。这是校长对一个学生的爱，对一个学生的不放弃。终于有一天，这个叛逆、执拗的女孩提出不需要接了，她能按时到校。之后，她再也没有逃学。

校长谢小双的深沉师爱为晓黎筑起一座坚固的堤坝，抵挡住所有不良的诱惑。初三毕业，晓黎考进了理想中专，而两年前刚进校时，她5门课总共才100多分。

……

"一个都不放弃"。谢小双针对教师队伍中存在的"学生太差""教不会"的说法以及畏难情绪，引导教师转变观念，正视现实，抛弃"等、靠、要"的做法，激励大家心往一处想，劲往一处使，带领全体教师以团队合作的形式，在学校发展的方向与路径上达成共识，开展有针对性的教育教学基本功练兵活动，针对每位学生设计不同的教育方案，与每一个学生"手拉手，结对行"，不抛弃、不放弃任何一个学生，使学生增强自尊，提升自信。

……

（资料来源：2013年9月3日新浪网站"新浪教育"）

谢小双以博大的胸怀接纳他们，以公正之心鼓励他们，以父爱般的真诚感染他们，一个都不放弃。谢小双带领着辛灵中学的教师团队，坚守着"挽

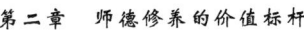
第二章 师德修养的价值标杆

救一个孩子,就是挽救一个家庭,就是为社会减少一份不安定因素"的信念,坚守着"对社会负责"的使命,在特殊教育的园地里风雨兼程,让生命与使命同行。

四、师德修养的价值取向——法治

法治是人类政治文明的重要成果,是治国理政的基本方式,依法治国是社会主义民主政治的基本要求。它通过法制建设来维护和保障公民的根本利益,是实现自由平等、公平正义的制度保证。党的十八届四中全会提出全面依法治国,审议通过了《中共中央关于全面推进依法治国若干重大问题的决定》。全会高度评价长期以来特别是党的十一届三中全会以来我国社会主义法治建设取得的历史性成就,研究了全面推进依法治国若干重大问题,认为全面建成小康社会,实现中华民族伟大复兴的中国梦,全面深化改革,完善和发展中国特色社会主义制度,提高党的执政能力和执政水平,必须全面推进依法治国。

(一)切实掌握法治价值取向,树立法治观念

1. 理解法治的概念

法治是人类政治文明的重要成果,是现代社会的一个基本框架。大到国家的政体,小到个人的言行,都需要在法治的框架中运行。对于现代中国,法治国家、法治政府、法治社会一体建设,才是真正的法治。依法治国、依法执政、依法行政共同推进,才是真正的依法;科学立法、严格执法、公正司法、全民守法全面推进,才是真正的法治。

2. 了解法治的由来

现代意义上的法治源于西方,生成于古希腊与古罗马时期。亚里士多德两千年前曾说过:"法治应当优于一人之治。"法律被人类视为摆脱愚昧走向文明的前提。在西方启蒙时代,在法国,卢梭、孟德斯鸠等人也提出了法治的思想,他们把法治与自由和平等联系起来,认为没有法治就没有自由,就必然导致专制统治。孟德斯鸠提出了著名的三权分立说,主张将国家权力划分为立法、司法和行政权,三种权力相互独立。在德国,黑格尔、康德也都推崇依法治国理念。法治是人类历史发展过程中一个古老而又常新的话题,时至今日仍是社会学、法学等领域富有活力的课题,而且已经成为各国政府普遍遵循的执法法则、共同追求的执政目标。

在中国,法治最早出现在《晏子春秋·谏上九》:"昔者先君桓公之地狭于今,修法治,广政教,以霸诸侯。"《淮南子·氾论训》:"知法治所由生,

则应时而变;不知法治之源,虽循古终乱。"著名法家代表人物韩非子明确提出:"释法术而人治,尧不能正一国。"提倡依据法来治理国家。近代中国,梁启超在《中国法理学发达史论》和《管子传》两篇文章中提出"法治主义",主张承袭古代法家传统,以法治整治乱世。法治是政治文明发展到一定的历史阶段的标志,凝结着人类智慧。

党的十一届三中全会提出"发展社会主义民主,健全社会主义法制"的基本方针。

党的十五大报告正式提出了"依法治国,建设社会主义法治国家"的宏伟目标,并把这一宏伟目标作为治国的基本方略。

1999年3月,全国人民代表大会对1982年《宪法》进行第三次修正,《宪法》第五条第一款规定:"中华人民共和国实行依法治国,建设社会主义法治国家。"这是我国首次以国家根本大法的形式公开向世界表明,中国将建设社会主义法治国家。

党的十六大报告和十七大报告对"依法治国"的目标作了进一步的确立。

党的十八大报告强调:"全面推进依法治国。法治是治国理政的基本方式。"

2014年10月,党的十八届四中全会把法治中国建设提升到前所未有的高度,首次以全会的形式专题研究部署全面推进依法治国这一基本治国方略。在新的历史起点上,会议对法治国家、法治政府、法治社会一体建设作出全面部署。

3. 树立正确的法治观

法治与法制是我们经常使用的两个重要的法律术语。法制,是指国家的法律和制度的简称。法治,是一种治理国家的理论、原则、理念和方法。法治与法制有着重要的区别。

第一,与权力之间的关系不同。与权力的不同关系是法治与法制的重要区别。法治强调的是法的统治,奉行法律至上,主张一切权力都要受到法律的制约。但法制并不必然包含这样的含义。

第二,产生和存在的时代不同。从严格的意义上讲,现代法治是资产阶级革命的产物,是资本主义时代才产生并建立的,只有在资本主义社会和社会主义社会才存在。而法制是从法律出现以来就产生的,在这个意义上,它甚至是法律的另一种表述,它早在奴隶制社会初期就产生了,它将于阶级分化社会,即奴隶制社会、封建制社会、资本主义社会和社会主义社会共

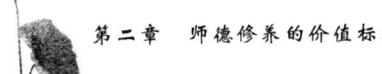 第二章 师德修养的价值标杆

始终。

第三，二者与民主、自由和人权等价值观念的关系不同。一般说来，法治都是与一定民主、自由和人权价值观念相联系。在现代社会，民主通常是法治的政治基础，自由和人权则是法治所要保障和维护的价值。但法制与这些价值都没有必然的联系，它既可以为这些价值服务，也可以为反对这些价值的制度服务。①

4．防止人治

法治与人治是两种截然相对的治国方略与理念。人治，是指以个人的能力来管理国家，强调个人权力在法律之上。法治，是指依照法律之规定来管理国家各项事务，简而言之，依法治国。法治与人治是根本对立的，要法治就不要人治，要人治就没有法治。

中国封建社会两千多年，长期处于人治之下，这种将个人意志凌驾于法律之上的治国方式导致了民不聊生，怨声载道。封建的人治思想并没有随着新中国的诞生而消亡，人治的思想和家长制的作风在很多地方还很猖獗。因此才需要将法治作为社会主义核心价值观提出来，全面推进依法治国。

强调国家依靠法治并不是不要依靠人的力量和人的作用，因为再好的法律与制度都需要人来实现与执行。因此不可以将"人的作用"与"人治"相等同，两者是根本不同的概念。

(二) 教师应具有法治之力，追求依法治教

1．教师应该具有法治之力

(1) 教师应具有法治之力，是维护教师自身权益的需要

在权力得不到有效控制、自由得不到约束的情况，任何人的权利都有被侵犯的危险。教师作为社会存在的一个主体，其权利也有被侵犯的可能。根据我国《教育法》和《教师法》的规定，教师具有进行教育活动，开展教育教学改革和实验的权利；有从事科学研究、学术交流、参加专业的学术团体，在学术活动中充分发表意见的权利；有按时获得工资报酬，享受国家规定的福利待遇以及寒暑假的带薪休假的权利等等。但是有些地方，教师工资得不到按时发放，被无故拖延；有的主管部门粗暴妨碍教师自主完成教育教学任务，违反教师聘期合同、侵害教师依据聘期合同享有的权利；对教师进行考核显失公正。这些都是对教师权利的侵害，教师应根据相关法律，维护自己的权益。

---

① 张文显．法理学 [M]．北京：高等教育出版社，北京大学出版社，1999：331-332．

(2) 教师应具有法治之力,是依法治国的必然要求

法治作为当代中国的核心价值理念,是历史与现实的必然,是依法治国、执法为民、公平正义、服务大局、党领导社会主义法治理念发展的必然,是党在新时期培育和践行社会主义核心价值观的必要。作为教师,要具有法治之力,让法治精神和法治文化作为支撑,建设和谐的教育关系,充分发挥教师的社会使命和历史使命。

(3) 教师应具有法治之力,是实现教育平等公正的坚强保障

法具有指引、评价、预测、强制和教育功能,它是人与人之间所形成的社会关系所发生的一种影响。教师在从教过程中,如果具有法治之力,必然会强有力地减少或者避免教育不平等、不公正现象,达到教育公正,实现教育的真正价值。

2. 教师要追求依法治教

依法治教,是指全部的教育活动都应当符合教育法律的有关规定,所有的教育法律关系主体在从事各类教育活动时都应当遵守或不违背教育法律的规定和精神。

依法治教是坚持教育为社会主义建设服务,保证国家教育事业迅速发展的主要措施。我国教育是社会主义教育,教育必须为社会主义建设服务,这是我国教育的根本问题,我国八届人大三次会议通过的《中华人民共和国教育法》从法律上规定了涉及教育改革发展全面性的重大问题,如对教育地位、教育性质、教育制度、教育体制、教育机构、教育者与受教育者、教育与社会等等,都作出了基本的规范,并把教育在经济社会发展战略中的首要地位建立在法制基础上,使之法制化、条文化、具体化,避免教育发展的大起大落,使教育按其应有的规律发展。我国教育界过去受"左"的思潮影响,片面强调教育是阶级斗争的工具,教育屡受各种政治运动的干扰和冲击,"文革"以后,尽管我们批判了过去的错误认识,承认教育的战略地位,但当前对教育采取过分功利主义的现象仍很普遍。由此,没有在科学指导下建立法治保障机制就不可能保障我国教育沿着健康的轨道发展。依法治教的重要功能在于支持和保证教育的合法行为,约束和制裁不法行为,使教育切实提高民族素质,达到多出人才、快出人才的根本目的。依法治教主要包括教育立法、教育普法、教育执法、教育司法、教育守法、教育法律监督、教育法律救济等方面。其中依法行政、依法治校是依法治教的核心体现。依法治教的主体应该包括行政主管部门、学校、教师以及学生。

全面实现依法治教应当具备以下几个方面的条件:一是要有完备的教育

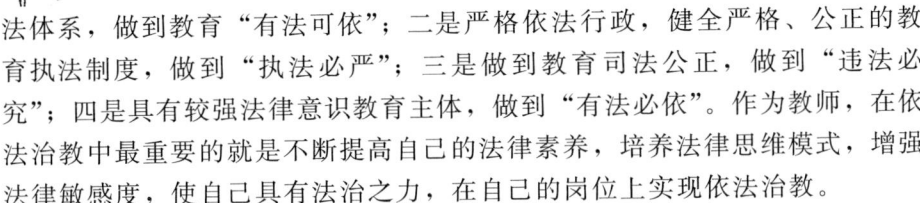

第二章 师德修养的价值标杆

法体系，做到教育"有法可依"；二是严格依法行政，健全严格、公正的教育执法制度，做到"执法必严"；三是做到教育司法公正，做到"违法必究"；四是具有较强法律意识教育主体，做到"有法必依"。作为教师，在依法治教中最重要的就是不断提高自己的法律素养，培养法律思维模式，增强法律敏感度，使自己具有法治之力，在自己的岗位上实现依法治教。

最近几年，教师犯罪尤其是教师性侵学生案件成为最受社会关注的犯罪问题之一，我们来看看这样一个案例：

【案例】

老师猥亵小学生被捕，10年前曾因强暴女童入狱

2015年2月26日，春节后上班第二天，《大河报》记者接到淇县博林学校六年级13名女生家长举报，他们说孩子在学校遭到班主任路某猥亵，犯罪嫌疑人被抓获。

在淇县铁西工业区的一个普通小院，征得同意后，记者采访了受害学生之一小丽（化名）。孩子告诉记者，他们的班主任路某在他办公室里，对女同学们动手动脚。学生们没老师劲儿大，无力反抗，有的同学被吓哭。

家长们的举报信透露，在2014年10月至2015年1月，路某先后对班里的13名女生进行猥亵，孩子们因怕遭笑话，受责骂，没有及时告诉父母。举报者称，出事后，原本性格开朗的女儿变得不爱和人说话。

调查：10年前他曾犯案并被判刑8年

举报信上嫌犯路某的名字，让《大河报》记者想起2005年的一起"爱心人士强奸受助女孩"事件。（2005年4月2日本报A9政法版《"爱心天使"强暴受助女童》对此进行报道）

2004年9月，淇县妇联对全县的贫困女童开展献爱心活动。在县司法局任办公室主任的路某，刚到不惑之年，主动要求资助一名贫困女童。

家住淇县庙口乡的11岁的可怜女孩儿小玉（化名），父亲不幸早逝，母亲离家出走。孤苦伶仃的她与路某结成了"爱心帮扶对子"。从山区被接到县城的路某家，对方承诺承担她上学吃饭等费用，直到她大学毕业。

然而，爱心背后，竟是一副魔鬼面孔。从2004年到2005年，在短短9个月时间里，路某采取哄骗和强迫的方式，多次将她强暴。

经法院审理，路某因犯强奸罪被判处有期徒刑8年，最终服刑到2010年出狱。在家老实了一段时间后，毕业于豫北一家师专中文系的路某，应聘到该县博林学校成为一名教师，直到再次案发被抓。

社会主义核心价值观与师德修养

昨日，记者来到淇县博林学校，透过门缝，见得到简单的校园设施。附近的一位居民介绍，丑闻发生后，很多学生就转学了。淇县教育部门有关负责人向《大河报》记者表示，县教育体育局已向博林学校下达了行政处罚决定书，对该校在全县民办教育系统通报批评，限期一个月整改，并暂停招生。如果学校整改不到位，吊销办学许可证。

（资料来源：网易教育新闻）

陶行知先生说过："捧着一颗心来，不带半根草去。"教师是人类灵魂的工程师，在教育过程中应该爱护每一位学生，在学问和做人等多方面严于律己，为人师表。本案中，路某本应将怀着一颗爱心关心和呵护学生，但他却沦为色魔施暴。这一方面反映了路某职业道德的缺陷，更反映了他对法律的漠视，对法治的无知。教师要在法治建设的过程中走在普通公民的前面，严格按照教育法规办事，真正做到依法执教、为人师表和教书育人，在社会上身正示范。

第三节　师德修养的价值准则
——爱国、敬业、诚信、友善

党的十八大报告明确提出社会主义核心价值观，其中针对个人层面的"爱国、敬业、诚信、友善"，是每个公民应当具有的价值观，是公民道德行为选择的基本价值标准。

一、师德修养的价值准则——爱国

在社会主义核心价值观中，"爱国"是公民道德的价值支柱，是社会主义核心价值观中公民道德的基石和旗帜。

（一）准确把握爱国价值准则，弘扬爱国主义

1. 理解爱国的概念

爱国是一种"由于千百年来各自的祖国彼此隔离所形成一种极其深厚的

第二章　师德修养的价值标杆

感情"①。人们对养育自己的这片土地总是怀有非常质朴深刻的爱。这种情感并不是凭空产生的，从人类最初为求生存而自然的对血缘氏族形成一种依赖感，到后来有意识地将自己的命运与祖国的兴亡联系在一起。这种对祖国的爱是人类千百年依存于祖国生存发展的过程中，萌生，积累，升华而形成的，深融于每个人的血脉之中。人们都把自己的祖国比作母亲，对于生养自己的母亲，无论她贫与富、美与丑，都会有一种眷恋和热爱之意，这是人的天性，社会本能。

2. 了解爱国的由来

爱国是自国家产生以来就已存在的主题，每个国家的人民都倡导爱国，都把爱国作为一种最伟大、最崇高的思想感情进行阐释和弘扬。"爱国"的概念在中国的历史文献中早有记载。《战国策·西周策》中在谈到秦国要吞并西周的时候，就提到："周君岂能无爱国哉？"汉代荀悦《汉纪·惠帝纪》中记载："封建诸侯各世其位，欲使亲民如子、爱国如家。"《晋书·刘聪传》中说："臣闻古之圣王爱国如家，故皇天亦佑之如子。"中国传统价值观念认为，家国同构、家国一体。国家不仅是个人生息繁衍的地理环境和物质基础，而且是其赖以存在的精神皈依。个人、家庭、社会构成了彼此依存、相互依赖的关系，把个人的理想信念与安身立命紧密地结合起来，强调修身、齐家、治国、平天下的统一性。一个人的社会责任感先从家庭这一最小的社会单位开始，"君子务本，本立而道生"，"孝悌也者，其为仁之本也"②。本着孝悌之心，把家庭伦理和价值准则推而广之，推己及人，己所不欲，勿施于人，实现"己欲立而立人，己欲达而达人"。以天下为己任，本着天下兴亡匹夫有责的责任和担当，忠心报国，博施于民而能济众，致力于实现富国强兵、诚实守信的王道乐土。

我们党历来强调爱国主义教育，2001年10月，中共中央印发的《公民道德建设实施纲要》强调："在全社会大力倡导'爱国守法、明礼诚信、团结友善、勤俭自强、敬业奉献'的基本道德规范，努力提高公民道德素质，促进人的全面发展，培养一代又一代有理想、有道德、有文化、有纪律的社会主义公民。"该纲要第一次系统明确地提出了公民基本道德规范"二十字"，爱国守法排在第一位，因为爱国守法是国泰民安之本。

2006年3月4日，胡锦涛在看望政协委员时强调，要引导广大干部群

---

① 列宁全集：第35卷［M］．北京：人民出版社，1988：187．
② 《论语·学而》．

众特别是青少年树立社会主义荣辱观,坚持以热爱祖国为荣、以危害祖国为耻,以服务人民为荣、以背离人民为耻,以崇尚科学为荣、以愚昧无知为耻,以辛勤劳动为荣、以好逸恶劳为耻,以团结互助为荣、以损人利己为耻,以诚实守信为荣、以见利忘义为耻,以遵纪守法为荣、以违法乱纪为耻,以艰苦奋斗为荣、以骄奢淫逸为耻。在这"八荣八耻"中将"以热爱祖国为荣、以危害祖国为耻"排在第一位,也是强调爱国主义的重要性。

党的十六届六中全会《关于构建社会主义和谐社会若干重大问题的决定》提出"树立社会主义荣辱观,培育文明道德风尚",强调:"坚持依法治国与以德治国相结合,树立以'八荣八耻'为主要内容的社会主义荣辱观,倡导爱国、敬业、诚信、友善等道德规范。"第一次将"爱国、敬业、诚信、友善"联为一个整体,且将"爱国"作为统领。

党的十八大将"爱国、敬业、诚信、友善"作为社会主义核心价值观的重要组成部分,作为每个公民必须践行的价值观,就是要将渗透在中国文化血脉之中、凝聚在文化传统之中的"爱国",在实现中华民族复兴的中国梦中发挥更加积极的作用。

3. 把握爱国主义价值观

一个国家的核心价值观承载着一个民族、一个国家的精神追求,构成社会发展最持久、强大的力量源泉。爱国是作为一个公民最基本的价值准则,更是社会主义核心价值观的基础。爱国情感是我们对自己祖国的直接感受和情绪体验,具有强烈的感染力和激发力,马克思指出,"激情、热情是人强烈追求自己对象的本质力量",当和祖国相关的重大事件发生时,人们深藏于内心的爱国情感就会迸发而出,促使人们进行爱国的行动。但这种朴素的爱国情感往往带有非理性的特征,比如网络上的各种非理性的爱国言论,尽管出自一片赤诚的爱国心,但缺乏了理性的规范,往往会流于空泛的形式。爱国要有激情,但只有激情缺少了理性的引导,那只是情感的简单释放,而很难真正推动社会进步与发展。必须将"爱国情感"上升为理性的"爱国主义"。这是因为:

(1) 爱国主义反映了个人对祖国的依存关系

"爱国主义体现了群众对自己祖国的深厚情感,反映了个人对祖国的依存关系,是人们对自己故土家园、民族和文化的归属感、认同感、尊严感与荣誉感的统一。它是调节个人与祖国之间关系的道德要求、政治原则和法律

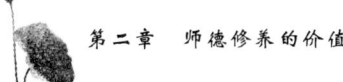
第二章 师德修养的价值标杆

规范,也是民族精神的核心。"① 这定义中,爱国主义一方面要从情感上理解,国民对国家天然的依存和归属,对本民族文化的认同以及担当;另一方面又要从理性上分析,国民共同遵循的行为规范和政治原则,其中既包含人类的正义性原则,又具有历史性和时代性特征,既有感性的认识,又有理性的要求。

(2)爱国主义体现了个人对祖国的报国关系

"爱国主义"的这种情感与理性的统一比朴素的"爱国"情感要更具有稳定性、概括性、倾向性、坚定性和全面性。"爱国主义"既要有激情,又要有深情,既要讲情感,又要有情操,既有外在的行动,又有内心的感悟。人们有意识地将拳拳爱国之心转化为理性的锵锵报国之行,有理有利有节地通过理性爱国行为,将自己对祖国的热爱之情转化为推动社会进步的现实力量和精神支柱,这正是爱国价值的体现。

4. 弘扬爱国主义

"在五千多年的发展中,中华民族形成了以爱国主义为核心的团结统一、爱好和平、勤劳勇敢、自强不息的伟大民族精神。"② 爱国主义是中华民族的传统美德,是中华民族精神的重要内容,爱国主义思想激励着一代又一代的中华儿女为了国家民族的前途命运努力拼搏,团结奋战,爱国主义始终是贯穿中国历史发展的一条鲜明的主线。

(1)爱国主义使中国走向新生

近代以来,爱国主义的根本目标就是使中华民族彻底摆脱半殖民地、半封建的屈辱境地,走上独立自主、繁荣富强的发展道路。自鸦片战争反对英国侵略开始,到相继兴起的太平天国运动、中法战争、中日甲午战争、戊戌维新、义和团运动和辛亥革命,都是中国人民为了民族的危亡做出的英勇抗争,然而,所有的抗争都没能成功。辛亥革命作为一次比较完整意义上的资产阶级革命虽然推翻了两千多年的封建帝制,却仍不能使中华民族脱离帝国主义和封建军阀统治的苦难深渊。中国的历史发展进程表明,资产阶级是不可能领导中国革命取得胜利的。只有中国共产党领导下的革命才使中华民族脱离帝国主义和封建军阀的统治,救中国人民于水火之中,是社会主义新中国的建立,实现了中国人民为之不懈奋斗的爱国目标。爱国与爱这个国家的社会制度是分不开的,在当代的中国,爱国主义和爱社会主义本质上是一致的。在当代的中国爱国主义就是要在中国共产党领导下,走中国特色社会主

---

① 本书编写组. 思想道德修养与法律基础 [M]. 北京:高等教育出版社,2013:39.
② 本书编写组. 思想道德修养与法律基础 [M]. 北京:高等教育出版社,2013:49.

义道路,投身于建设中国特色社会主义建设的伟大事业,努力为实现中华民族的伟大复兴贡献自己的力量。

(2) 当代的中国离不开爱国主义

爱国主义是一个具体的历史范畴,爱国主义以社会主义为其必然的归宿并不是偶然发生的。从带领中国人民取得革命的胜利,建立起独立自主的新中国,实现了近代以来中国人民梦寐以求的爱国梦,到新中国成立60多年来,社会主义中国所取得的举世瞩目的成绩。是社会主义完成了爱国主义所要争取的民族独立统一,是社会主义实现了爱国主义所追求的国家富强、人民幸福。今天我们这个古老的大国正萌发出勃勃生机,经济发展速度始终处于世界领先地位,物质财富极大地丰富,国家实力极大地提高,人民生活极大地改善,积极地和世界各国展开交流与合作,国际威望日益提高并在国际事务中发挥着越来越重要的作用。爱国主义以社会主义为必然的归属,是人民的选择,历史的选择。

另一方面,社会主义以爱国主义为精神动力。在当代中国,爱国主义与社会主义有机的统一于建设有中国特色社会主义的伟大实践中。爱国主义历来是中国各族人民团结奋斗的精神支柱,是凝聚全党全国各族人民力量,广泛团结炎黄子孙的伟大旗帜。只有弘扬爱国主义,对中华民族的历史传统和现实特点有一个清醒的认识,才能使中国特色社会主义获得丰厚的土壤。只有弘扬爱国主义,把国家独立和主权放在突出的位置,才能使中国特色社会主义生根发芽。只有弘扬爱国主义,极大地挖掘和发扬中华民族的自力更生精神,才能使中国特色社会主义拥有茁壮成长的无尽动力。只有弘扬爱国主义才能为社会主义现代化建设提供强大的精神动力。

(二) 教师应具有爱国之诚,坚持爱国教育

1. 教师应具有爱国之诚

爱国是一种基本的道德诉求,爱国主义是一种高尚的道德情感。爱国是教师必须具备的高尚的情感,是教师对祖国最深厚的感情,今天,爱国更是每一位教师神圣的职责和必须履行的义务。习近平强调,广大教师"要注重加强中国特色社会主义理论体系的学习,加深对中国特色社会主义的思想认同、理论认同、情感认同,不断增强道路自信、理论自信、制度自信、积极引导学生热爱祖国、热爱人民、热爱中国共产党"。[①] 教师的职业自身特点

---

① 习近平. 做党和人民满意地好老师——同北京师范大学师生代表座谈时的讲话[N]. 人民日报,2014-09-10.

第二章 师德修养的价值标杆

与道德规范要求教师的职责不仅仅是传授知识,更是教会学生如何做人,如何坚守包括爱国主义品行在内的高尚情操。教师的品德对受教育者的思想形成和行为转化有着至关重要的作用,因此教师应该严于律己,以身作则,率先垂范。具有良好爱国认知、爱国情感和坚定爱国行为的教师,对学生爱国主义精神的培育将产生积极的影响;反之,则会弱化学生的爱国认知和爱国情感,甚至误导学生的爱国行为。这里我们给大家介绍如下案例:

【案例】

宣扬"读书为挣大钱娶美女"教师被解聘内幕

2001年9月7日《中国青年报》曾以"宣扬'读书为挣大钱娶美女'教师被解聘内幕"报道了湖南省株洲市二中语文教师尹健庭不再任教职一事。2002年6月6日"尹健庭诉湖南株洲市教委不服限制聘用处理决定"一案公开审理的前一天,记者采访了尹健庭。说起自己那段惹祸的"怪论",尹健庭显得有些激动又有些无奈。他首先向记者申明,"读书为了挣大钱娶美女"此说是《中国青年报》记者"高度概括"出来的,没有表达他的整个教育观。

他说:"我有一个思想,就是必须解决学生的思想问题,才能解决学生的读书问题。学生如果不明确读书的目的,没有读书的动力,他的书是读不好的,或者说不能长期坚持下去读好书。为了激励学生读书,增强学生读书的动力,我每接一届新的学生,都要谈读书的目的。以前老师一般讲的是为共产主义读书,为中华崛起而读书,为祖国而读书。这种老套子,学生听腻了,也不大相信。我也不想嚼人家嚼过的馍,于是另辟新路,提出为自己读书。我认为,读书的目的有很多,不只一个吧?为自己读书就是其中之一。于是,我第一堂课就进行入学教育。这堂课共讲了五个问题:一、读书目的;二、读书品质;三、读书态度;四、读书方法;五、学习语文。其中读书目的原话是这样的:你读书干什么?考大学干什么?总之你为了什么?也许你会说,为了实现共产主义,为了社会主义建设。我要明确告诉你,读书考大学是为了自己,不是别人。读书增强了自己的本领,提高了自己的素质,将来能找到一个好的工作,从而有一个美好的个人生活,比如生活愉快,人生充实,前途美好,事业辉煌,甚至找到一个漂亮的老婆,生一个聪明的儿子,所以我强调读书应该是为了自己。我讲完这段话后,又跟学生讲,我是以一个家长的身份,以一个朋友的身份,跟你们讲的一段私下话,知心话,这是不能公开说的。这是我们读书的一个直接目的、现实目的,但

不是唯一目的。同时我又说,为自己读书的口号,核心是愉快生活,人生充实,提高素质,成就事业,而且是以为自己读书始,以为国家人类服务终。"(挣大钱娶美女 株洲人如何看待"怪论"官司 新华网湖南频道 2002-06-11)

据2001年4月20日和8月1日《中国青年报》报道,尹在接受采访时说:"说为国家读书,世界上哪有这样的傻瓜?""我不反对读书是为国家,但首先是为了自己,工作有了成绩后,还不是为了国家吗?""我反对的只是这样一种观点:国家、社会的利益高于一切。我认为,一切都是为了自己。只有个人价值实现了,才能实现社会价值;个人价值没实现,社会价值怎么实现?""如果不说服我,我今后仍然这么教育学生。"

学校认为尹健庭的行为违反了《教师法》第二章第八条"教师应当履行下列义务"中的第一款"遵守宪法、法律和职业道德,为人师表"、第三款"对学生进行宪法所确定的基本原则的教育和爱国主义、民族团结的教育,法制教育以及思想品德、文化、科学技术教育……"和第五款"……批评和抵制有害于学生健康成长的现象"的法定要求,根据教职工聘任制条例,并请示市教育局和省教育厅,决定对尹健庭解聘。

株洲市教委发出通报,同意株洲市二中对尹健庭实行解聘,并规定株洲市内的所有学校不得聘尹健庭当教师。

尹健庭向法院提起行政诉讼,由于聘用教师属学校的自主权,株洲市教委对尹健庭的受聘权进行限制,是超越行政职权的行为。

法院判决撤销株洲市教育局关于"株洲市(含五县市区)内的所有学校不聘尹健庭当教师"的处理意见。

(资料来源:中国法制出版社网:尹健庭诉教育局"限聘"处理意见案)

该案纷纷扰扰,甚嚣一时,引发了社会的积极讨论,甚至有媒体称之为"中国教育第一案"。现在此案虽告一段落,却不能不引发我们的深思。作为一位普通的社会成员,受到社会上种种不良现象的影响,作出"读书是为了挣大钱娶美女"这种个人功利主义的言论,大家也许能理解接受,至多认为其格调不高,个人素质有待提高,如何会引发社会的大讨论?关键就在于尹健庭不是普通的社会成员,他是一名教书育人的教师,担负着教育未成年人、培养祖国下一代的重任。教师在世俗的观点影响下,对着一张张稚嫩的小脸毫无遮掩地在课堂上宣扬个人私欲,宣扬先私后公的利己主义观点,正是现在社会上道德失衡、私欲膨胀在校园中的负面反映。这样的言论,在学

 第二章 师德修养的价值标杆

生中造成的负面影响是不可低估的。

2. 教师应坚持爱国教育

(1) 教师应坚定自身爱国主义信仰

教师必须端正自身的道德认知,提高自身道德修养,守好自己的价值观底线。具体而言,人民教师要具有爱国主义觉悟,领悟爱国主义真谛;要有爱国主义思想,做到祖国利益高于一切;要有爱国主义情感,做践行爱国主义的模范;要有爱国主义意识,随时随地将爱国化为行动。教师的思想认识、道德情操、政治觉悟水平的高低,直接关系到爱国主义教育的实施效果,影响爱国主义教育的最终成效。

(2) 教师应以身示范爱国主义信仰

教师是教育之本,师德是教育之魂,教师从教应以师德为先。爱国主义教育不是简单灌输到学生头脑中的理念与规范,而是每一位教师都应践行的操守,特别需要为师者以身示范,言传身教,这种对爱国主义的践行,对学生的影响更加生动具体,更容易接受。教师更要努力用自己的一言一行对学生爱国主义意识的形成进行潜移默化的影响。教育是祖国事业的一部分,教师工作的好坏直接决定着祖国的兴衰,教师应该始终和党和人民站在一起,自觉做中国特色社会主义的坚定信仰者和忠实实践者,忠诚于党和人民的教育事业,严肃认真对待自己的职责,尽力引导和帮助学生把握好人生方向。

二、师德修养的价值准则——敬业

社会主义核心价值观中"敬业"是公民职业生活中的价值准则,是公民职业道德的基本要求,体现了职业价值观的灵魂。

(一) 准确把握敬业价值准则,培育敬业精神

1. 理解敬业的概念

劳动的需要是人的本质的需要,是人满足一切需要的基础。人的劳动需要表现为对职业的需要。对于个人来说,职业生活是人的社会生活的主要组成部分,是人生旅程中最长、最丰富的一段。就业前的学习生活,退休后的休闲生活,也都与职业有紧密的联系。可以说,人生的成败得失大部分都体现在职业生活当中。职业所反映的不仅仅是人与自然的关系,更重要的是人与人之间的关系。这就要求劳动者在执业活动中必须遵守一定的道德准则,具备一定的道德情操和道德品质。

无数人生成功的经验表明,在职业生活中做一个有道德的从业者,保持为行业乃至社会大众所认可的职业操守,是取得职业成就的必备条件。对于

行业来说，虽然一个行业的发展归根结底是取决于这一行业的生产力水平，但是从业者的职业道德也具有重大的作用。如果一个行业暮气沉沉，不思进取，哪有不被社会淘汰的道理？如果一个行业整体上"缺德"，或者这个行业充斥着大量的"缺德"的从业者，那么，这个行业不仅不能成为社会有机体的健康因素，而且势必成为这个社会的"毒瘤"。同样的道理，在一个由无数行业构成的社会中，"行风"影响着社会风气。积极向上的行业风范会给社会大众积极影响，体现出净化社会风气、引领社会风尚的正能量。

职业道德具有鲜明的职业特征，集中反映了特定职业、行业、产业自身的特殊利益和要求。因而，不同的职业道德要求各具特色。比如，教师应具备教书育人、诲人不倦的职业道德；医生应具备治病救人、救死扶伤的职业道德；国家公务员应具备公道正派、廉政为民的职业道德；商人应具备诚实经营、童叟无欺的职业道德。不同的职业有着相应不同的职业道德要求，不同的历史阶段职业道德也打上不同时代的烙印。敬业是贯穿各种具体的职业道德的一般要求，作为职业道德，敬业是职业道德的共同性要求，是职业道德的核心所在。

2. 了解敬业的由来

敬业是中华民族的传统美德，《礼记·学礼》讲人成长是要"一年离经辨志，三年视敬业乐群"，认为敬业乐群是学校对学生考察的一个重要阶段，青年学生要达到的第二个阶段就是要学会敬业。唐代孔颖达对"敬业"的著述更为宽泛，没有仅仅停留在"学业"这个层面，他说："敬业，谓艺业长者，近而亲之；乐群，谓群居朋友善者，愿而乐之。"[①] 到了宋代，朱熹从主体的心意态度层面解释敬业，他说："敬业者，专心致志以事其业也。"[②] 后来，梁启超结合《礼记》里的"敬业乐群"和《老子》里的"安其居乐其业"两句话，总结出"敬业乐业"这一说法。在我国古代，许多仁人志士敬业尽责的故事广为流传，如"大禹治水，三过家门而不入"，"王猛为相，临终不忘国事"，诸葛亮"鞠躬尽瘁，死而后已"。传统的职业道德符合中国人的思维方式和生活习惯，容易被人民群众接受。

《公民道德建设实施纲要》明确的公民基本道德规范中"二十字"中有"敬业奉献"，"敬业奉献"从公民个人的道德建设看，是自我实现之本。

"八荣八耻"荣辱观中的"以服务人民为荣、以背离人民为耻"，"以辛

---

① 孔颖达. 礼记正义. 上海：上海古籍出版社，2008：1427.
② 朱熹. 朱子全书：第2册. 上海：上海古籍出版社，2002：537.

 第二章 师德修养的价值标杆

勤劳动为荣、以好逸恶劳为耻"，"以遵纪守法为荣、以违法乱纪为耻"，都涉及到职业道德规范，都隐含了"敬业"的职业要求。

党的十六届六中全会《关于构建社会主义和谐社会若干重大问题的决定》倡导爱国、敬业、诚信、友善等道德规范。在"爱国"之后紧接着强调"敬业"，说明"敬业"在构建社会主义和谐社会中具有重大意义。

党的十八大报告《坚定不移沿着中国特色社会主义道路前进，为全面建成小康社会而奋斗》"三个倡导"中的第三个"倡导爱国、敬业、诚信、友善"，明确"敬业"在建成小康社会中具有积极意义。

3. 把握敬业价值观

价值观是人们关于什么是价值、怎样评判价值、如何创造价值等问题的根本观点。价值观的内容，一方面表现为价值取向、价值追求，凝结为一定的价值目标；另一方面表现为价值尺度和准则，成为人们判断事物有无价值及价值大小、是光荣还是可耻的评价标准。价值观集中反映一定社会的经济、政治、文化，代表了人对生活现实的总体认识、基本理念和理想追求。职业价值观是价值观的重要组成部分，是价值观在职业生活中的具体表现。职业道德正是职业价值观的主要内容，敬业是职业道德核心，敬业观是职业价值观的灵魂所在。当前我国正处于发展的重要历史阶段，我们正在为实现两个一百年奋斗目标、为实现中华民族伟大复兴的中国梦而努力。在前进的道路上我们会遇到很多的困难和问题，很多都和从业者缺乏敬业精神，和他们的职业价值观息息相关，人们的职业价值观是否正确科学直接影响着这些困难和问题的解决。正是基于对职业价值观重要性的认识，党和国家对于职业价值观一直高度重视，党的十八大以来，中央明确将"敬业"纳入社会主义核心价值观之中，回应了全社会对职业道德建设中的突出问题的关切。

4. 培育敬业精神

随着我国改革开放的不断扩大和深入，社会的各个领域都在发生着深刻而巨大的变化，这种现象被称为"社会转型"。从世界历史来看，任何一个国家的社会转型，都会伴随着道德领域的深刻变化。从中国来看，无论是鸦片战争的爆发，五四运动的爆发，还是新中国的成立，都深刻促进了道德的变化。

（1）社会转型期职业道德问题严重

中国正在经历的社会转型，在道德领域引起了剧烈的变化，社会公德、职业道德、家庭美德、个人品德都在经历着转型。我们的社会转型是由改革开放主导的，社会转型首先是经济的转型，"四德"中与此直接相联系的就

是职业道德，职业道德受到的影响最直接最大。经济上的对外开放，必然伴随、推动文化上的开放。这种开发是把"双刃剑"，一方面有助于我们吸收外国道德建设的有益成果，一些与市场经济相适应的新的职业道德规范正在逐步确立并发挥越来越重要的作用；另一方面，西方国家腐朽的价值观念、生活方式和思想文化也乘虚而入，冲击着我们的道德秩序。必须承认我国在职业道德方面存在不少问题。

党的十七届六中全会曾严正指出："一些领域道德失范、诚信缺失，一些社会成员人生观、价值观扭曲"，并且强调要"深化政风、行风建设，开展道德领域突出问题专项教育和治理，坚决反对拜金主义、享乐主义、极端个人主义，坚决纠正以权谋私、造假欺诈、见利忘义、损人利己的歪风邪气。把诚信建设摆在突出位置，大力推进政务诚信、商务诚信、社会诚信和司法公信建设，抓紧建立健全覆盖全社会的诚信系统，加大对失信行为惩戒力度，在全社会广泛形成守信光荣、失信可耻的氛围。"可见职业道德领域的问题的确比较严重。

（2）实现中国梦急需培育职业精神

敬业观与其他职业道德价值观一样，是随着社会分工的出现而逐步形成，随着社会分工的发展而不断发展的。在原始社会，随着人类历史上三次社会大分工的发生，形成了早期的职业划分，人们过着不同的职业生活，从事着不同的职业实践，承担着不同的职业责任，社会对其职业自然会存在不同的认识、评价和期望，从而形成原始的朴素的敬业观。例如神话传说中尝百草的神农氏、养蚕缫丝的嫘祖等，敬业精神无与伦比，不仅开创了行业，解决了人类的生存问题，成为当时人们争相学习效仿的对象，更被后人尊崇为神来膜拜。到了奴隶社会和封建社会，敬业观已经被明确提出，并随着经济社会的进步得到了一定程度的发展。这个时期的敬业观有着浓厚的政治色彩，成为统治者维护职业分工和社会政治秩序的良方。他们将职业划分等级，要求所有人各安其位，各尽其职，实际是为了防止以下犯上，危及统治；师徒关系比照父子关系来对待，使得敬业与敬父融为一体，维护了家长制。"万般皆下品，惟有读书高"的思想，使得那些处于职业划分底层的广大劳苦百姓，即使敬业劳动，也很难改变自身的命运和社会地位，这种敬业观是难以践行的。到了资本主义社会，随着资本主义社会生产力的快速发展和科学技术的突飞猛进，形成了新的更大规模的职业分工，敬业观得到了新的发展。敬业观从虚无缥缈的上帝安排回到了世俗的生活事务评价，从"对人依赖"的不平等敬业观到"对物依赖"的经济价值最大化的敬业观，西方

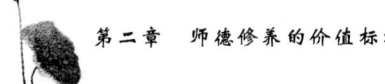 第二章 师德修养的价值标杆

源远流长的个人主义此时集中反映在敬业观上,使人们将自己对职业的热爱、尊重与个人的成功紧密地联系在一起。这是一种世俗的、经济的、个人主义的敬业观。

社会主义敬业观和资本主义敬业观虽同属于现代社会的价值观,但由于生产资料所有制的不同和价值导向的不同,社会主义敬业观和资本主义敬业观有着根本的不同。相较于资本主义社会资本至上、个人中心的敬业观,社会主义的敬业观是以劳动至上、集体导向、人的全面发展为取向的敬业观。不仅倡导职业的物质价值,更倡导职业的精神价值,唯利是图、金钱至上的价值观显然与社会主义社会敬业观格格不入。个人的力量是极其有限的,个人的力量只有形成一种合力,才有可能推动社会的变革和发展。社会主义敬业观提倡"人人为我,我为人人"的道德价值,坚决反对"人不为己,天诛地灭"的处世哲学,坚决反对利己主义、小团体主义和个人主义。社会主义敬业观所提倡的敬业精神目的是使人在职业的实践过程中,最大程度地挖掘自身潜力,提高自身素质,最终实现人的全面发展。

敬业价值的缺失,敬业精神的失落已经严重影响了社会主义现代化建设的进程,为了民族的伟大复兴,为了我们的中国梦,当务之急就是要加强社会主义敬业观的建设,培育广大劳动者的敬业精神,真正做到内化于心,外化于行,让每一个从业者、建设者从心灵深处迸发出强大的精神动力。

(二)教师应具有敬业之义,坚持敬业教学

1. 教师应具有敬业之义

教育大计,教师为本。好的教育离不开好的教师,而一个好的教师必须具备好的敬业价值观。教师有着"人类灵魂的工程师的"的美誉,对于维护和调动教师爱岗敬业的积极性起到了十分重要的作用,总体上来说,我国教师队伍是比较稳定的,绝大多数教师都具有爱岗敬业的基本职业操守。人们把教师比喻为"园丁""蜡烛",赞颂的就是教师教书育人、爱岗奉献的敬业价值观。

"全国道德模范·敬业奉献模范"中的教师并不多,四届仅有3人,这里我们给大家介绍其中一人——湖北省武汉市第一聋校舞蹈教师杨小玲。

【案例】

全国道德模范·敬业奉献模范杨小玲

她说:"每个生命都有梦想,我帮他们圆梦,他们也会用自己的行动,点亮更多孩子的梦。"在热爱的讲台上,她创造了一个又一个奇迹:学生邰

社会主义核心价值观与师德修养

丽华领舞的《千手观音》，征服了亿万观众；3个月大就失聪的蒙蒙，自信地绽放在北京残奥会的舞台上……在她的引领下，8名学生登上中国残疾人艺术团璀璨耀眼的舞台，更多的残疾孩子或上大学继续深造，或走入社会，正常就业。

她就是湖北省武汉市第一聋校教师杨小玲。23年，从青春到不惑，杨小玲把自己最美好的年华奉献给了这群特殊的学生，默默的付出也赢得了认可。她先后荣获全国爱心奖、全国特教园丁奖、湖北省五一劳动奖章等荣誉称号。2013年6月获"全国师德楷模"荣誉称号。2013年9月被评为第四届全国道德模范——全国敬业奉献模范。回望来路，杨小玲认为自己最大的骄傲是没有辜负聋哑孩子用尽全力叫出的那一声含糊却动人的"妈妈"。

1990年，杨小玲和3名同学一起来到武汉市第一聋校，透过窗户，她看到一群孩子在教室里跳傣族舞。整个舞蹈跳下来，谈不上姿势，也谈不上美感，孩子们的动作很僵硬，但他们眼睛里透出的一股子认真劲，让杨小玲动容，她的眼泪"唰"的一下就下来了。这个武汉市幼儿师范学校的舞蹈尖子没有想到，就是这段无声的舞蹈，让18岁的自己从此跟聋哑孩子结下了不解之缘。在拿到毕业分配志愿表时，杨小玲只郑重地填了一个志愿——武汉市第一聋校。

"是孩子们的坚持和对生活的希望感染了我，我要帮他们做点什么。"杨小玲坚定而充满热情地说。

上班以后，杨小玲协助舞蹈老师文洁负责文艺队的工作。不懂手语的杨小玲完全不知道如何跟学生交流。刚开始，给学生排练舞蹈，她不知道怎么讲解节奏、动作要领，更不用说怎样表达音乐的内涵，她只能一次又一次地给学生示范。一节课下来，自己弄得汗流浃背，可学生还是没能掌握好动作要领。回到办公室，她难过地趴在桌上，眼泪流了下来。

擦干眼泪，工作还得继续。为了尽快学会与学生交流，杨小玲除了背"手语书"，还以学生为师。操场上、教室里、食堂里，学生们在用手语私下"聊天"。只要是自己看不懂的，杨小玲就主动向学生请教。学生们都很喜欢教杨小玲这个勤奋的"学生"。就这样，杨小玲一步步走进无声的世界，成了手语活字典。

在聋校，语言交流障碍还只是第一道门槛。困难比杨小玲想象的大许多：音乐再悠扬，学生们也听不见；节拍再鲜明，学生们也感受不到。所有的舞蹈术语，她必须翻译成肢体语言，所有的节拍和口令，她只能用手势传达。怎样让聋哑学生感受到节奏？杨小玲苦苦思索。看到舞蹈室里的大鼓，

 **第二章　师德修养的价值标杆**

她忽然眼前一亮。鼓声震动,通过地板传递到学生们的脚心:他们终于第一次"听见"节奏,眼里放出惊喜的光。学生们从此喜欢上这鼓声,喜欢上舞蹈课。为了帮助学生理解舞蹈情绪,杨小玲把音乐编成一个个小故事,"讲"给学生听;为实现动作整齐,她自创"呼吸传递法"。在《千手观音》的表演中,后面人张开双手的同时,往前面吹一口气,前面的学生感知后立刻张开双臂;为尊重残疾学生的个性差异,她探索出"无限沟通法"……

2006年,杨小玲被借调到中残联艺术团工作,中残联艺术团想把杨小玲留下来,承诺帮她解决后顾之忧,爱人工作、女儿读书都不成问题。"艺术团的学生离开我,一样有精彩的人生;跟他们比,聋校的孩子更需要我。"一年后,杨小玲踏上了回武汉的列车。

(资料来源:摘自《中国教育新闻网》2013年度全国教书育人楷模候选人:杨小玲)

"从不幸的谷底到艺术的巅峰,也许你的生命本身就是一次绝美的舞蹈,于无声处再现生命的蓬勃,在手臂间勾勒人性的高洁,一个朴素女子为我们呈现华丽的奇迹,心灵的震撼不需要语言,你在我们眼中是最美。"这是给感动中国人物邰丽华的颁奖词。邰丽华令我们感动,但她身后的这位教师——杨小玲,同样令我们感动。热爱是成就事业的关键。忠诚人民的教育事业,无私奉献。从杨小玲身上,我们再一次认识到,教师只有热爱教育,才会热爱学生,才会献身于教育。杨小玲用自己实际的行动诠释了什么是爱岗敬业。敬业不能说在嘴上,写在纸上,挂在墙上,压在玻璃板下,而是要身体力行,用行动去诠释师德。

2. 教师应坚持敬业教育

2014年9月9日,习近平总书记在同北京师范大学师生代表座谈时指出:"好老师的道德情操最终要体现到对所从事职业的忠诚和热爱上来。好老师应该执著于教书育人。我们常说干一行爱一行,做老师就要热爱教育工作,不能把教育岗位仅仅作为一个养家糊口的职业。有了为事业奋斗的志向,才能在老师这个岗位上干得有滋有味,干出好成绩。如果身在学校却心在商场或心在官场,在金钱、物欲、名利同人格的较量中把握不住自己,那是当不好老师的。"[①] 党的十八大报告明确指出:"加强教师队伍建设,提高

---

① 习近平. 做党和人民满意地好老师——同北京师范大学师生代表座谈时的讲话 [N]. 人民日报,2014-09-10.

师德水平和业务能力,增强教师教书育人的荣誉感和责任感。"贯彻十八大报告中关于教师队伍建设的重要精神,教师必须强化自身的社会主义敬业价值观的建设,用自己的敬业精神感染学生,增强敬业教育的实效。

(1) 教师应认真对待日常的教育教学工作

育人是目的,教书是手段。要想达到育人的目的,就得教好书。要想教好书,教师应该认真对待日常的教育教学工作。对工作高度负责,教好书是需要付出艰辛劳动心血的,其核心就是要认真负责。课堂教学是教学的主阵地,教师应该认真备课上课,其中备课是上课的基础,上课是备课的展现。首先,必须在备课上下足功夫,精益求精。其次,上课是完成教学过程的关键,在教学过程中,要用生动活泼的教学技巧,把学生全部注意力和积极性吸引过来,调动起来。认真批改作业,作业的布置和批改是课堂教学的继续。教师应慎重地对待作业,要做到布置作业认真,批改作业认真,讲评作业认真。认真辅导学生,要在关注每位学生发展的前提下,针对不同的学生特点与需要,给予有针对性的帮助与指导,不敷衍塞责,这是对敬业的底线规定。做事要认真负责,不能表面应付,应该担负起教师应尽的责任。

(2) 教师应志存高远,甘为人梯,乐于奉献

教师所从事的教育事业既伟大、崇高,又平凡、琐碎。没有对教育事业的热爱和忠诚,没有将自己的知识、才华甚至生命奉献给教育事业的信念和决心,就不能成为一名合格的人民教师。教师应该知道自身的责任是什么,知道怎么样履行自己的责任,并完成自己的责任,对社会负责,对人民负责,对学生负责,对自己负责。当今的社会,知识突飞猛进,科技日新月异,学生千差万别,教育千变万化,教师只有与时俱进,不断进取,时时事事处处学习,才能做到精通学科知识,承载起教育的重任,履行好教育的职责。教师虽然有法定的双休日、节假日,还有寒暑假,但实际上,很多教师常常把这些时间用于充电、备课,经常处于"五加二,白加黑"的工作状态。教师应该培育自己敬业的职业精神,立志高远,甘为人梯,乐于奉献,努力将自己塑造成师德高尚、业务精湛、充满活力、敬业教学的优秀教师,不仅用自己的一言一行影响感化学生,更向社会展示教师在三尺讲台上的敬业事迹和奉献精神。

三、师德修养的价值准则——诚信

社会主义核心价值观中"诚信"是公民道德的基本规范,社会主义核心价值的道德取向,是社会主义核心价值观的重要组成部分。

第二章 师德修养的价值标杆

(一) 准确把握诚信价值准则，提高诚信意识

1. 理解诚信的概念

诚信是古今中外铸就的全社会具有最高认同度的道德准则之一。人无信不立，国无信不稳，社会无信不和，这已经成为大家的共识。到底什么是诚信？诚实守信。古人认为："诚者，天之道也。"① 自然宇宙是物质性的，真实存在的，不以任何人的意志为转移，诚就是实际存在、真实无妄的意思。"诚之者，人之道也。"② 先贤认为，人是天地的产物，天道和人道具有一致性。既然天道的本质是诚，那人的个体德行和精神实质也是真实无妄、表里如一的。信字，讲的是言谈的诚实性，言由心出，表里一致。这种行为方式运用到人际关系之中，是指一种诚实不欺、遵守诺言的品格。千百年来，诚信始终是中华民族最基本的道德要求。除了言语的诚信外，还包含了心意的诚信和行动的诚信，这些都是诚信的重要内涵。

2. 了解诚信的由来

诚信是中国民族的传统美德，包含着言论与行动两个方面，要求言必信行必果，强调言论的真实与客观，人己无欺，真实无妄；重视对于言论的践行与笃守，一诺千金，一言九鼎。以儒家思想为主干的传统文化倡导诚信、守信的价值原则，要求仁人志士遵从"信"的价值准则。首先，"信"是安身立命的基础。"人而无信，不知其可也。大车无輗，小车无軏，其何以行之哉？"③ 輗和軏都是车辕与横木联结的关键，是车之为车的重中之重，以此为比喻说明"信"对人的重要性。其次，"信"是为仁的必然要求。把恭、宽、信、敏、惠作为"五德"，倡导"入则孝，出则悌，谨而信，泛爱众"④。其三，"信"是与人交往的准则。反复强调，"与朋友交，言而有信"，并"日三省吾身"，反思："与朋友交而不信乎？"⑤ 以仁和义作为"信"的标准，推行德政于天下，"道千乘之国，敬事而信，节用而爱人"⑥，把足食、足兵、民信作为为政的三个基本要求，如不得已必须去除，先后的顺序是去兵、去食，把"信"留在最后，因为"民无信不立"⑦。儒家文化

---

① 《礼记·中庸》.
② 《礼记·中庸》.
③ 《论语·为政》.
④ 《论语·学而》.
⑤ 《论语·学而》.
⑥ 《论语·学而》.
⑦ 《论语·颜渊》.

传统中，诚信、守信居于价值观的核心地位。

《公民道德建设实施纲要》明确的公民基本道德规范中"二十字"中有"明礼诚信"，"明礼诚信"对公民来说是在社会上安身立命之本。

"八荣八耻"荣辱观中"以诚实守信为荣、以见利忘义为耻"，再次强调了"诚信"在公民道德建设中的重要性。

党的十六届六中全会《关于构建社会主义和谐社会若干重大问题的决定》倡导爱国、敬业、诚信、友善等道德规范，明确要构建社会主义和谐社会必须"加强政务诚信、商务诚信、社会诚信建设，增强全社会诚实守信意识"，"引导各类社会组织加强自身建设，提高自律性和诚信度"。

党的十八大报告《坚定不移沿着中国特色社会主义道路前进，为全面建成小康社会而奋斗》将"倡导爱国、敬业、诚信、友善"作为社会主义核心价值观，旗帜鲜明地把"诚信"确认为"社会主义核心价值观"的重要纬度。该报告指出一些领域道德失范、诚信缺失，强调"深入开展道德领域突出问题专项教育和治理，加强政务诚信、商务诚信、社会诚信和司法公信建设"，特别要求"抓好道德建设这个基础，教育引导党员、干部模范践行社会主义荣辱观，讲党性、重品行、作表率，做社会主义道德的示范者、诚信风尚的引领者、公平正义的维护者，以实际行动彰显共产党人的人格力量"。

3. 把握诚信价值观

诚信是现代社会普遍适用的基本伦理原则，对每一个人起着规范引导的作用。在现代社会道德规范体系中，诚信作为一个最为重要和基本的道德规范，不仅是对个人的基本道德要求，也是对整个社会的道德要求，诚信是我国当代道德体系的基础和根本价值取向。如今，诚信不再是一种单纯的道德信念，单纯靠人的内心自觉来实现，它还是一种规范要求，其原则和精神已融入法律规范和经济制度中。社会主义核心价值观的构建离不开诚信这一道德的基石。我们的党历来重视诚信建设，并把诚信作为治国理政的基本准则。可以说，倡导和培育诚信价值观，是党应对社会转型期出现诚信缺失现象的重要措施，也是通过社会伦理规范对接主流价值体系以凝聚社会共识的重要途径。

4. 提高诚信意识

社会是复杂的，当前我国社会诚信缺失现象严重，渗透到人们社会生活的方方面面，以至于出现了某种程度的诚信危机，甚至影响公众的情绪和社会的稳定。倡导诚信，是推进公民道德建设的基本要求，是社会主义核心价值观的要求。提高公民的诚信意识，不仅能解决我国目前社会发展中诚信缺

第二章 师德修养的价值标杆

失的问题,还能促进我们经济社会快速健康的发展,真正实现国家富强、民族振兴、人民幸福。

对于个人来说,诚信是我们的立身之基,唯有诚信才能得到他人和社会的认同和支持,才能生存并不断发展完善。孔子说:"人而无信,不知其可也。"① 诚信使我们拥有超高的精神境界,使我们在和他人相处时有诚意,有信誉,使我们能愉快地和他人合作。而失信者将失去做人的起码依据和支撑其人生的基本条件,进而其生存、发展、完善都会受到严重挑战。

对市场经济来说,诚信是经济发展核心竞争力。诚信与市场经济发展历来密不可分,讲诚信则兴,不讲诚信则衰,这是市场经济发展的规律。诚信经营是社会主义市场经济中企业形象的根本,良好的声誉是企业在市场中取得竞争的胜利。今天我们的社会主义市场经济建设不断地发展完善,诚信是资本,更是经济发展的核心竞争力。

对社会来说,诚信是社会和谐之本,是构建和谐社会的重要条件。一个没有诚信、人人相互猜忌的社会是不可能和谐的。社会的管理是一个庞大复杂的系统工程,管理手段的核心是诚信。社会矛盾的解决需要时间和过程,如果没有相关方面的诚信承诺,社会矛盾就会不断扩大和延伸。唯有社会的每个人都讲诚信,没有虚假和猜疑,各自的利益才能公平实现。没有诚信就没有民主政治建设的基础,也就谈不上民主政治建设。诚信更是我们政府公信力和社会治理能力的前提和根本。

(二)教师应具有诚信之德,坚持诚信教学

1. 教师应具有诚信之德

叶圣陶老先生说过:"教育工作者的全部工作就是为人师表,凡希望学生去实践的,自己一定去实践;凡劝诫学生不做的,自己一定不做。教师的道德素质直接影响和决定着学生的思想品德。"教师的诚信之德如何,直接影响到学生个体乃至社会诚信文化的培育以及社会诚信行为的践行。教师诚信建设得好,就能培养出一大批德才兼备的学生,这些学生走上社会、进入各自岗位工作时才会以诚信作为基本行为规范,时时讲诚信,处处守诺言,从而推动整个社会诚信的健康发展。这里我们给大家介绍山东济南中学一位普通教师刘战军的事例。

---

① 《论语·为政》.

社会主义核心价值观与师德修养

【案例】
身边的诚信教育楷模——济南中学教师刘战军

刘战军，济南市教育系统优秀共产党员，济南中学历史教师，出身于农村家庭，父亲是一名乡村教师。他从小耳濡目染，立志长大后当一名教师。

社会赋予教师很多耀眼的光环，作为一名教师，在领受这些美丽光环的同时，更应该去恪尽职守，努力适应时代的发展，去为这些光环增辉添彩。学高为师，德高为范，教师只有具备了良好的道德品质，才能有资格为人师表，才能更好地教育和影响学生。刘战军老师就是这样一位默默奉献、诚信教育的模范教师。

2000年，刘战军从曲阜师范大学毕业进入济南中学工作。他一直用诚信来面对每一个同事、每一个家长、每一名学生，尽心竭力为学生、为家长、为同事办实事，做好事，解难事。10多年来，尽管没有轰轰烈烈的大事，但在平凡的事迹中却透着点点感动，温暖着身边的每一个人。

对待家长，刘战军一诺千金。他把教师信誉看作生命，在教书育人的同时，也在社会中播种着"诚信为本"的理念。在家长眼中，他是个热心肠的好老师。刘战军担任班主任和高中历史教学工作，他的手机号是公开的，哪个孩子生病需要照顾，或者家长临时有事情，都喜欢打电话和他沟通。每每家长需要帮助的时候，他总是点头承诺："把孩子交给我，忙你的去吧，请你放心，我会照顾好他的。"每份承诺就是一份责任，刘老师勇于担当这份责任。

对待学生，刘战军将诚实守信作为和学生交往的先决条件。他言传身教，以身作则，为学生树立诚信的榜样。他最擅长和学生约定，如果学生有进步，他就鼓励他们，或是一句温馨的赞美肯定，或是一段充满热情的作业批注，都诠释了他对学生们的诚信。在一些人看来，这些可能是不值得一提的事情，可他却从来都没有当小事情看过，把学生们的信任看得很重很重。因为他深爱着学生们和这份神圣的职业。

对待工作，刘战军有着一份执着和韧劲。作为一名教师，他不断地刻苦钻研业务，认真研究教材教法，研究新课程标准，注重多方位培养学生的能力和学习习惯，对工作讲求实效，对学生因材施教。他天天早来晚走，始终坚持备好每一节课，坚守"不备课不上课"的信条，每次学校教学检查，他都是优。备课时，他精心设计环节，努力钻研教材，上网查阅资料，了解学生特点，做了大量的课前准备工作，做到备教材、备学生、备资源，结合课

第二章 师德修养的价值标杆

堂实际运用课件配合教学,向45分钟课堂要质量。课堂上给学生畅所欲言的时间和空间,让学生做课堂的主人,而他则循循善诱地引导,做好学生的学习合作伙伴,学习效果事半功倍。教师的教学态度决定了学生对其的尊重程度,所以刘战军老师的历史课始终深受学生欢迎。

刘战军老师热心教育和公益事业。从教十几年来,他一直坚持利用课余时间给学生义务补课,坚持每学期至少帮扶一名家庭或者学习困难学生;作为班主任,他牺牲休息时间,坚持家访班级每一个困难学生。2008年汶川地震后,通过上交特殊党费的方式向灾区捐助了600元钱。近日雅安地震,刘战军老师又很快通过济南市红十字会向灾区捐助了500元钱。不久前,他和爱人一起在济南市红十字会登记了遗体和角膜捐献,自愿死后把遗体和角膜无偿地捐献给医学事业。

刘战军老师对自己的学生的执著和认真令人动容,《山东商报》曾以《校园中最美的风景》配图刊发了通讯报道。

(资料来源:舜网2013年5月7日 济南中学教师刘战军:身边的诚信教育楷模)

刘战军是平凡的,平凡的背后却闪耀着人性的光辉。他对师德的那份坚守令人感动。他用自己的行动诠释了新时期教师的诚实守信、无私奉献的高尚品德。无论为学为人,诚信都是最基本的要求。诚信是一种人格的体现,也是人性中最宝贵的部分。教师首先要学会做人,学会做真人,然后教人做真人,正如著名教育家陶行知所言:"千教万教教人求真,千学万学学做真人。"这就是教师职业的崇高境界。全体教师应该充分认识到:诚信是师德也是教师基本素质的核心。教师只有讲诚信才能体现当代教育的基本思想,以人为本,努力培养个性健全人格完善的一代新人。

2. 教师应坚持诚信教学

(1) 教师应坚守学术诚信

近年来,教师学术不端和学风失范问题成为社会关注重点。由于职称评定、职务晋升、获取荣誉称号等对于学术论文有一定的要求,抄袭他人论文、拼凑伪造数据、发表论文学术造假、靠关系申报课题等学术腐败、诚信缺失行为出现在了从普通老师到校长、院士等不同的教科工作者身上,学术诚信缺失严重,影响极其恶劣。我们的教师应该就个人的诚信问题经常开展批评与自我批评,对自己严格要求。抄袭、剽窃、移花接木,剪刀糨糊之类怎能形成原创性成果?一个人不诚实地面对自己、面对他人、面对社会,就永远无法拥有真正的成功。之所以会出现种种问题，关键是没有把"诚实守信"意识上升到信仰的高度。教师的职业特点要求教师要将诚信的意识上升到信仰的高度。只有某一种意识和认识以及价值观念上升到了信仰的程度才能成为一个人自觉的行动，而这种信仰便成了行动的指南。当代教师的基本素质也要求教师一定要诚信，在教学和科研活动中，要诚实守信，认真备课、专心上课，做到不抄袭、不剽窃他人研究成果，不随意篡改捏造试验和调研数据，遵守科研规范。

（2）教师应以诚信为人师表

教师的任务在于育人，不仅用自己的学识教人，而且要用自己的品格教育人，用自己的人格去感化学生。为此，教师无论何时都必须在自己的师德修养上"以身立教"，倡导诚信之德，坚持诚信教学，成为学生的表率。教师必须具有言行一致、表里如一的诚信品德，才能在学生身上产生潜移默化的作用。教师要求学生做到的，自己必须先做到，要求学生不做的，自己必须坚决不做。如果教师在课堂上讲助人为乐，自己却自私自利，在课堂上讲文明礼貌，自己却随地吐痰，出言不逊，粗暴惩罚学生，在课堂上讲遵守校纪校规，自己却自由散漫，不遵纪守法，学生就会对教师在课堂上讲的道理、传授的知识打上问号甚至化为乌有。教师诚信的榜样不仅能激励和塑造学生的人格，而且当学生的思想或行为受到不良影响时，还会增强学生抵制各种干扰的意志力。教师诚信的言行会成为学生的一面镜子，用以时时对照检查自己的言行，使之易于发现自己的缺点，并及时改正。

四、师德修养的价值准则——友善

社会主义核心价值观中"友善"是公民道德的价值准则，是社会主义核心价值观中的重要内容，是社会主义国家正确处理人与人、人与自然、人与社会关系的行为准则。

（一）准确把握友善价值准则，调节人际关系

1. 理解友善的概念

"友善"作为一种优秀的道德品质，自古以来就有着极为丰富的内涵。从字面的意义而言，"友善"是"友"和"善"的统一。大体上，"友善"的意思是要向朋友一样来爱护和善待他人。亚里士多德认为"友善"是基于对善的美德的热爱和推崇而在人际间实现的关爱和互助活动，是自爱和他爱的完整统一。孔子提出"仁者爱人"，孟子强调的与人为善，其内涵都在于以善为原则来帮助和成就他人，进而实现自身人格的完善。所以，"友善"并

第二章 师德修养的价值标杆

不是毫无原则的建立人际关系的技巧，而是基于对善的美德的热爱而在人际间进行着的关爱和互助的活动。

2. 了解友善的由来

友善作为一种价值观，一直以来都备受推崇，在中国传统文化中有着深刻的思想渊源，以儒家的"仁爱"思想为核心价值。早在上古时代就有"尚仁爱、重人本"的说法，且《诗》《书》等典籍中有很多关于"仁"的记载和论述。到了春秋末年，诸侯纷争，使得礼崩乐坏，孔子将"尚仁爱"进一步系统化，并将其确立为儒家思想的核心。儒家认为，仁是人之本性的直接体现，"爱人"是"仁"的抽象价值向社会延伸的一种价值实践方式。《论语·颜渊》云："樊迟问'任'。子曰：'爱人。'"明确了"仁者爱人"，将人性定格在善的一面，也就是"爱人"。所以，对于"友善"而言，儒家的"仁者爱人"本身是友善观的最直接体现。在孔子看来，对人有爱心，是一切美好品德的开端。但爱人首先是爱亲人，爱亲人是仁的本始。《孟子·尽心上》也说，"孩提之童，无不知爱其亲也"，"亲亲而仁民，仁民而爱物"。从培养这种真感情出发，爱亲人进而仁爱百姓，由仁爱百姓进而爱护万物，儒家这样推己及人，由近及远，便可以达到对其他人的"仁"，推及万物，这是儒家推广爱之心的典型步骤。有了"仁"，其他一切亲属间的感情以及更远的感情都有了着落，其他一切的美德也有了着落。友善因这样的历史基础和思维方式比较容易推广到公民之间，形成友善的公民关系，同时我们也要看到中国传统友善论的局限性，其目的在于维护统治者的统治集团利益。

《公民道德建设实施纲要》明确的公民基本道德规范中"二十字"强调的"团结友善"，是公民立足社会之本。

社会主义荣辱观中的"八荣八耻"，把"以团结互助为荣、以损人利己为耻"作为荣辱观的重要内容之一，再次凸现了友善的重要作用。

党的十六届六中全会《关于构建社会主义和谐社会若干重大问题的决定》倡导爱国、敬业、诚信、友善等道德规范。明确"友善"在构建社会主义和谐社会中的作用。

党的十八大报告《坚定不移沿着中国特色社会主义道路前进，为全面建成小康社会而奋斗》将"倡导爱国、敬业、诚信、友善"作为社会主义核心价值观，更彰显了友善在社会主义道德建设中的基础性作用。

3. 把握友善价值观

在不同的社会形态里，友善的实际调节力量和地位是不同的。在阶级关系对立的社会里，友善具有更多的理想性，它的实际调节力量相当有限，主

要是少数德行高尚的人能够奉行,因此,无法上升为社会的核心价值观。在社会主义社会里,阶级对抗已经缺乏根本制度的基础,社会矛盾更多地体现为非对抗的性质,建设共同富裕的和谐社会成为社会主义社会的重要目标。人人为我、我为人人是人际关系的基调和主流,这就为友善创造了充分的实现条件进而使其调节力量空前加强,友善因而也具有了更多的现实性,更多的人能够在实践中普遍地体验到友善力量的存在和由此带来的益处,友善与幸福之间的规律性联系得到了最充分的实现,因此,友善也具有了被提升为核心价值观的社会条件。友善虽是世人渴望的美德,但并不是任何时候、在任何民族都能够变成现实,至于将其提升为一个民族的核心价值观,更需要有优越的制度条件和民族文化传统的支撑。中华民族以礼仪之邦闻名于世,友善是国人最重要的道德文化信仰。在建设中国特色社会主义事业过程中,公平正义的制度条件正在不断具备,每个人都有最好的机会能够最大限度地活出自己的真精彩,这必然为友善核心价值观的践行创造更为充分的社会条件。理解友善的意义和功能,要从社会主义本质要求的高度来认知,社会主义核心价值体系和核心价值观是社会主义本质的精神体现。社会和谐发展是社会主义本质属性,要实现社会和谐,人际友善是必然的保障。将友善纳入到社会主义核心价值观体系之中,彰显了建设整个社会和谐大同新局面的信心和期盼。

4. 调节人际关系

我国正处于全面建设小康社会的关键时期,友善作为公民道德的价值准则,一方面指引人们人格的完善和公民道德的培育,另一方面引领社会关系和秩序的优化。

友善作为个人的德行是个人取得幸福的重要因素之一,友善是播种快乐的使者。快乐是个体价值的一种体现,或人生目标的一种实现,是人通向幸福人生的价值指标之一。友善是一种珍贵的个人品质,快乐建立在友善的基础之上,快乐来源于社会成员之间的友善交往。离开友善的情感基础和价值追求,快乐只会成为一种自私的、狭隘的、邪恶的快乐,这实际上不是一种快乐,最终会走向快乐的反面。在众多的人际交往准则中,友善被认为是与人相处、达成共识的基本前提。在社会中不友善,就难以团结他人;在家庭中不友善,就难以和家人幸福相处。

对他人的友善,使你有可能成为他人尊重和回报的对象。对社会的友善,养成了你一种社会的责任感,社会将以更大的机会、价值回馈于你,你将享有更大的生存和发展空间。对自然的友善,自然将以美丽的景色给你精

第二章 师德修养的价值标杆

神的愉悦,以实际的生态资源利益让你生活更美好。在友善的交往中,我们感受到"人情味",当你把友善的心态展示给别人,快乐的信息也随之传递。友善是人与人之间沟通的桥梁,是联系社会成员之间情感的价值纽带。离开了友善的规范作用,个体可以无限制地放大自我利益,缩小他人利益,结果就是自我利益的实现损害了他人的利益,导致个体的快乐丧失了善的标准。最高层次的"友善"是社会成员在追求共善的过程中所达成的相互认同。在"友善"中,自爱和他爱得到了完美的结合,自利与他利之间也构筑了通达的桥梁。友善作为社会公共的价值观是凝聚全社会的重要纽带,友善是人际和谐的润滑剂。

社会关系是人与人之间的关系,"友善"作为一种价值观,引领着人们在纷繁的社会生活中寻求人际间真挚的道德情感,也在实现自我价值和利益的脚步中追求人性的善和社会的公共价值。友善打开了人与人之间沟通的窗户,谁传递了友善,谁接受了友善,彼此的心灵就会靠近在一起,共同营造友善的社会氛围,建立起彼此文化与精神的家园。取得别人的信任,真诚的友善不可缺。你的一点一滴的态度和立场都会成为别人信任的理由和基础,懂得友善,用好友善,才能使你不断地获取别人信任,建立起友好的交际圈,形成和谐的人际关系。我们只有确立友善的价值目标,培育与人为善、乐于助人的道德情感,见利思义、顾全大局的行为准则,构建相互尊重、礼让宽容的和谐人际关系,形成关爱他人、团结互助、维护公平、伸张正义的社会风尚,才能促进人与人、人与社会、人与自然的和谐发展。

(二) 教师应具有友善之爱,坚持友善教学

1. 教师应具有友善之爱

友善是国民素质的重要组成部分,弘扬和培育友善价值观是教育的庄严职责和任务。一方面教师应该坚持友善待人的原则,无论何种学生,要以博大的胸怀去对待,把学生视为一个个充满个性的主体,一视同仁,营造轻松友爱的教育氛围,构建和谐的师生关系。教师的天职即要内心充满关心和爱护的友善之情,具有师德。现代教育家夏丏尊曾说过:"教师不能没有爱,犹如池塘不能没有水。"在这里的爱,就是教师必须关爱学生,尊重学生,成为学生的良师益友。所有的模范教师都有一个共同特点,那就是充满对学生的爱。很多人一生难以忘怀的老师也都有一个共同之处,那就是这个老师关心爱护自己。这里我们给大家介绍全国教书育人楷模评选活动候选人吴正宪的事例。

103

社会主义核心价值观与师德修养

【案例】

全国教书育人楷模评选活动候选人：吴正宪

吴正宪：热爱教育事业，坚持教书育人，她尊重每一位学生，真心与学生做朋友，创造了孩子们喜爱的数学课堂。

一、创造学生喜欢的数学课堂——真心与儿童做朋友

在吴正宪的教育生涯中，我们看到了一位教师对教育事业的热爱，对教书育人这一神圣事业的不懈追求。吴老师友善地走进儿童的心灵世界，尊重每一位学生，用教师的人格魅力和教学智慧激发了学生对数学的喜爱。她帮助学生实践了"想学--爱学—学会—会学"的良性循环。多年来她认认真真上好每一节课，创造了孩子们喜爱的数学课堂，成为了孩子们真诚的朋友。

故事一：那是一次规模很大的教学研讨会，容纳一千多人的礼堂座无虚席。上课前，细心的吴老师突然发现礼堂门口有个男孩的身影在晃动。她就悄悄地问来上课的同学："他是谁？"几位同学几乎异口同声："他是我们班的差生。"一个学生补充道："老师没选他来上课，是他自己跟着我们队伍后面偷偷跑来的。"吴老师的脸上掠过一丝凝重，心想小小的年纪就戴上了"差生"的帽子，漫漫的人生路以后该怎么往下走啊！吴老师生怕这不经意的举动伤害了孩子，她走过去亲切地问："你想做什么？"这位同学抬起头看看吴老师小声地说："我也想和同学们一起上课。"吴老师毫不犹豫地牵起孩子的手走上了讲台。她知道这是一棵受了伤的小苗，课堂上给了他特别的关照，多次请他回答问题并及时鼓励。他第一次感到在众人面前挺起了胸脯，感受到了"我也能行！"吴老师还特意拉着他当着全班同学的面合了影。下课了，吴老师与这位年轻教师谈了许久……一年过去了，吴老师收到了这位同学的一封特殊来信——一张得了100分的试卷，上面清晰地写着教师的评语："进步真大！"看着孩子的变化，看着青年教师的成长，吴老师感到由衷的欣慰。

故事二：吴正宪老师教过的一位留级生小A，小时候得过大脑炎，妈妈说他脑子有毛病，不是学习的料，他也对学习失去了兴趣和信心。但在吴老师的眼里没有教育不好的学生，每个学生都可以在原有的基础上进步！她想办法让小A体验成功，让他感受到尊严。在学习"乘数是三位数的乘法"之前，吴老师先给他补"乘数是两位数的乘法"。上课了，吴老师指着黑板上的"123×23"提问："谁会做？"小A主动举手，并很快完成。吴老师借此机会请同学们向他提问，小A有条有理地将"课前获得"全盘端出。同

第二章　师德修养的价值标杆

学们掌声响起。小 A 第一次感受到了在同伴面前被认可，他找回了失去的尊严！吴老师不断的激励，及时的补课，持续的关注。小 A 慢慢地变了，开始喜欢数学课了，爱提问题了，爱思考了，学习成绩也越来越好。

"一切为了孩子"是吴正宪教育思想的核心，"创造孩子们喜爱的课堂"是她多年来努力的目标。吴老师正是这样把她对孩子们充满真诚的爱化成为教育活动的不竭动力，几十年来用她的每一节充满活力的课堂，每一次与学生真诚的交流诠释着这一教育理念。

（资料来源：中国教育新闻网 2010 年 8 月 8 日　全国教书育人楷模评选活动候选人：吴正宪）

吴正宪不仅善于教学，还以高尚的师德、精湛的教学艺术和专业精神影响、带动了一大批基层（特别是农村地区）教师的专业进步。由于教书育人成效显著，她先后荣获"全国模范教师"、北京市政府"人民教师奖"、北京市优秀教师、"北京教科院职业道德标兵"等称号，享受国务院特殊津贴专家。她是一位受学生欢迎、教师尊重、专家认可的特级教师。吴正宪老师取得成功的奥秘是什么呢？最重要的就是对每位学生的尊重、信任和热爱！把孩子看成一个个有尊严的个体，看成一个个平等交流的伙伴。她的每一节数学课都充满情感和智慧，使得每一个孩子都全身心地投入到数学学习活动之中。无论是学习优秀的学生还是学习上暂时有困难的学生，他们都会在课堂中得到满足，有所收获，对数学学习产生兴趣和期待。吴老师就是用这样的方式表达她对每一个孩子的关注，对每一个孩子的爱。

2. 教师应坚持友善教育

（1）教师应坚持友善之爱的教育理念

《中小学教师职业道德规范》规定"关爱学生，对学生严慈相济，做学生良师益友"等，据此，我们可以认为，用友善的态度，关爱的心对待学生，友善教学是法律对每一个老师要求。但教师对学生的平等、尊重、友善之心，和谐的师生关系不能只是依靠法律的强制力来实现，更主要还是应该依靠教师内心的师德修养。一个具有高尚的师德的教师会敞开自己的心扉，用心和学生沟通与交流，使学生感到温暖。他对学生的态度真挚友善，如沐春风，他对学生的教导真心实意，不图回报；他对学生的关爱尊重人格，持之以恒。每一位教师都应该相信，修炼自己的友善之情，以自己良好的师风师德，做学生健康成长的指导者和引路人，用自己的实际行动洒下爱的种子，滋润学生的心田，终有一天将在学生的人生中开出绚烂的"真善美"

的花。

（2）教师应有友善之爱的教育方法

关爱学生是教师的天职，是教育工作的起点。对学生来说，教师关爱学生是学生个性充分自由、和谐、全面与健康发展的必要因素，是品德的催化剂，是激发学生学习兴趣的灵丹妙药。教师要尊重学生，平等对待学生，表达善意，心胸开阔，不斤斤计较，能够容纳不同意见；理解学生，了解学生的精神世界，学会站在学生的立场思考，用发展得眼光看待学生；把爱学生和严格要求学生结合起来，要严而有格，言而有情，严而有理，言而有行，真正的爱必然体现在严格要求之中；爱护学生，既关心学生的健康，又关心学生的发展，珍惜维护学生利益，保护其不受侵犯。

第三章 师德修养的践行路径

第 三 章
师德修养的践行路径

【本章内容提要】

从实践的角度阐述了教师进行师德修养时如何践行社会主义核心价值观,即师德修养的践行路径,这一章分为两节,分别从师德修养的内动力和外驱力两个方面阐述教师在进行师德修养时,如何将社会主义核心价值观内化于心、外化于行。这是一个从理论到实践、知行结合成完整系统的框架结构。

社会主义核心价值观与师德修养

　　道德的养成和强化是道德主体自律与他律相互作用的过程和结果，其中自律是内因，他律是外因。道德自律是道德主体出于良心，自觉自愿地为善去恶，是道德主体臻于一定的道德境界后，道德需要已在自身的需要系统中占据了支配地位。道德他律是道德主体屈从于外在规范的约束或限制，从而使自己的行为合乎被要求的规范。道德自律与道德他律的根本区别是前者表现了道德主体的自觉自愿，后者表现了道德主体的非自觉自愿。在教师加强自身修养的过程中，需要教师的自律和他律。教师通过自律，以社会主义核心价值观为精神支柱，加强理论学习；教师通过他律，以教师职业道德规范为行动向导，勇于实践磨练。用自己高尚的道德情操和良好的道德风范，教育和感染学生；以自己伟大的人格魅力和卓越的工作成就，赢得社会的尊重，为中华民族伟大复兴中国梦的实现贡献出自己的一份努力。

 第三章 师德修养的践行路径

第一节 师德修养的内动力
——提升素质层次

"道德的基础是人类精神的自律"这句马克思的名言众所周知。教师要加强师德修养，首先需要教师的道德自律，这是师德修养的内动力。通过道德自律，教师提升素质层次。国家的繁荣、民族的振兴、教育的发展，这些不仅需要教师树立先进的教育理念，提高教育教学水平，更需要教师具备高尚的师德修养。教师良好的道德品质不是天上掉下来的，也不是先天固有的，而是在科学理论的指引下，经过长期的社会实践进行修炼的结果。在社会主义核心价值观这一精神支柱的感召下，教师通过提升理想信念层次，增强教书育人的荣誉感；通过提升修身养性层次，增强为人师表的使命感；通过提升职业操守层次，增强立德树人的责任感。

一、提升理想信念层次，增强教书育人的荣誉感

2013年9月，习近平总书记在给全国广大教师的慰问信中说，"百年大计，教育为本。希望全国广大教师牢固树立中国特色社会主义理想信念，带头践行社会主义核心价值观，自觉增强立德树人、教书育人的荣誉感和责任感"。这段话告诉我们，教师追求远大理想，坚定崇高信念，在为实现中国特色社会主义共同理想而奋斗的过程中实现个人理想，是践行社会主义核心价值观和实现中华民族伟大复兴的客观要求。

（一）教师的理想信念要上升到国家高度

1. 教师的理想信念

理想是人们在实践中形成的、有可能实现的、对未来社会和自身发展的向往与追求，是人们的世界观、人生观和价值观在奋斗目标上的集中体现。信念同理想一样，也是人类特有的一种精神现象，是人们在一定的认识基础上确立的对某种思想或事物坚信不疑并身体力行的心理态度和精神状态。理想指引人生方向，信念决定事业成败。

教师要带头践行和传播社会主义核心价值观，必须有理想信念。理想信

念是教师的人格基石，是师德修养必不缺少的重要部分。一个有着理想信念的教师，才能为学生点燃美好的梦想，为国家和民族贡献出更多的正能量。

2. 教师的理想信念要上升到国家高度

理想信念按照不同的标准可以分为多种类型。从主体上划分，有个人的理想信念和社会的理想信念；从时间上划分，有长远的理想信念和近期的理想信念；从内容上划分，有社会政治理想信念、道德理想信念、职业理想信念和生活理想信念。与此同时理想信念又分为不同层次，即共产主义的远大理想、中国特色社会主义共同理想、现实目标三个层次。

2014年9月，习近平在北师大的讲话中指出："正确理想信念是教书育人、播种未来的指路明灯。不能想象一个没有正确理想信念的人能够成为好老师。好老师心中要有国家和民族，要明确意识到肩负的国家使命和社会责任。""我们的教育是为人民服务、为中国特色社会主义服务、为改革开放和社会主义现代化建设服务的，党和人民需要培养的是社会主义事业建设者和接班人。好老师的理想信念应该以这一要求为基准。广大教师要始终同党和人民站在一起，自觉做中国特色社会主义的坚定信仰者和忠实实践者，忠诚于党和人民的教育事业，自觉把党的教育方针贯彻到教学管理工作全过程，严肃认真对待自己的职责。""好老师应该做中国特色社会主义共同理想和中华民族伟大复兴中国梦的积极传播者，帮助学生筑梦、追梦、圆梦，让一代又一代年轻人都成为实现我们民族梦想的正能量。"一旦缺乏这种理想信念，教师的职业就会沦为谋生的工具，人生失去目标，对教书育人工作缺乏兴趣而陷入盲目被动的工作状态。

《教师法》明确指出："教师是履行教育教学职责的专业人员，承担教书育人，培养社会主义事业建设者和接班人、提高民族素质的使命。教师应当忠诚于人民的教育事业。"广大教师理想信念坚定与否，直接关系到教育事业的健康发展，关系到社会价值目标能否最终实现。教师的理想信念要上升到国家高度，把自己的教书育人事业与国家、民族的奋斗目标、前途命运联系在一起。

3. 教师的理想信念上升到国家的高度要靠践行社会主义核心价值观

任何一个国家都有自己的价值追求目标，党的十八大报告所倡导的"富强、民主、文明、和谐"，是从国家层面提出的价值理想：经济上要越来越富强，政治上要越来越民主，文化上越来越文明，社会和生态上要越来越和谐。

教师的理想信念上升到国家高度要靠践行社会主义核心价值观。教师自

第三章 师德修养的践行路径

觉把个人理想融入到中国特色社会主义共同理想之中，要以社会主义核心价值观中倡导的"富强、民主、文明、和谐"这一国家和社会的理想作为自己的理想信念。教师只有牢固树立中国特色社会主义共同理想信念，将个人追求和国家富强、民族振兴统一起来，将自己的职业梦想和中国梦联系起来，才能找到职业和人生的前进方向。鲁迅早年学医并留学日本，但后来他发现中国的问题除了生理的病痛之外，更重要的还在于精神的愚昧和麻木，他认为必须拯救国民的灵魂，中国才能走上自强的道路，于是弃医从文。今天也有很多像鲁迅那样有理想信念追求的教师，比如桂林高庙村小学老师杨锋。

【案例】

一个老师的学校

一个人，一个班级，一个老师，一所学校。38年的坚守，38年的付出，38年的辛勤耕耘，得到的是学生的爱戴，家长的感激和同行的敬重。他，就是桂林高庙村小学教师——杨锋。

这是一个连校牌都没有的学校，如果不是有孩子在教室里读书，很难看出它是一所学校。高庙村小学有点像个四合院，左右两边是教室，当头两间用作厨房和厕所，四合院中间便是操场。高庙村小学很偏远，条件十分艰苦，目前学校只有一个老师和13名学生，这个老师就是杨峰。

1974年，杨锋高中毕业后回到家乡，以优异的成绩被录用为民办教师。六七十年代，很多农民的子女上不起学或无处上学。由于没有文化、缺少知识，"家里越穷越不读书，越不读书家里越穷"的怪圈在农村恶性循环。杨锋看在眼里，记在心头。任教期间，杨锋利用节假日深入各家各户，动员适龄儿童入学，家庭特别困难，交不起学费、书本费的，他就帮学生垫付，为的是让适龄儿童都能上学读书。1995年，杨锋转为公办教师。城里有所学校的校长叫杨锋到他那里去教书，但一想到村上的孩子没老师教，杨锋最终还是决定留了下来。县里先后派了五六名老师到高庙村小学任教，到任的教师多则两年，少则一学期，最终都因学校偏僻、条件艰苦而选择了离开，到后来走得只剩下他一人，作为"光杆"教师的杨锋，不得不身兼数职，语文、数学、美术、音乐、体育、思想品德全由他一人授课。

一个人独撑一所学校，既当校长、老师，又当炊事员。每天上午，杨锋给学生上完课，就安排学生做作业，自己却要忙着去给学生担水煮饭。学校放学后，杨锋十分担心学生的安全。一到夏季涨水期，每天上学、放学，杨锋就要趟过河水，将学生一个个背送过河。

多年来，杨锋一个人独撑一所学校，里里外外一把手，既当校长，又当老师，既像爸爸，又像妈妈，把别人的孩子当作自己的孩子，关心爱护学生，把学校管理得井井有条，多次被中心校和县教委评为优秀教师。杨锋说："只要高庙村小学还有一个孩子上学，我就会在这里坚持下去，直到退休。"

（资料来源：http://tn.cq.gov.cn/tnb/Qnews.asp? ID=17048）

38年，杨锋坚守下来了！支持杨老师坚守下来的理由只有一个：这里的孩子需要我。在杨老师看来，如果这里有他，就能帮助困难孩子上学，就能让山区的同学们多学点知识，就能让这个学校继续办下去。所以，在高庙村小学，他既当校长，又当炊事长；既当老师，教书育人，又当志愿者，背学生过河。38年的辛勤耕耘结出了累累硕果，杨锋教过的学生里，已经有数十人考上了大学。一些参加工作后的学生还专程返回学校看望杨锋，感谢老师的启蒙教育。在杨锋的身上，我们看到了他闪耀的光芒，展现了他崇高的理想信念。杨锋的坚守，给了孩子们信念。他所守望的，也正是我们的"中国梦"。他把个人的理想信念与祖国的未来结合在一起。虽然条件艰苦但他甘之如饴，虽是三尺讲台但他从不懈怠。凭着一份对教育事业的热爱和执着，为社会培育了大批有用的人才。他用自己的行动践行着社会主义核心价值观，也为我国的教育事业作出了贡献。

（二）坚持理想信念，践行教书育人

理想信念与师德修养问题是教师做人的基本问题。一个理想信念坚定的人，必然会注重道德修养；一个道德品质高尚的人，必然有坚定的理想信念。教师通过教书育人为社会发展贡献力量，才能得到他人和社会的认可，实现自己的人生理想。正如北京景山学校著名特级教师马淑珍老师所说的："我虽然天天战斗在三尺讲台前，每节课教儿童识几个汉字，但这几个汉字却连接着祖国。"教师的理想信念上升到国家的高度要靠践行社会主义核心价值观，那么教师如何围绕"富强、民主、文明、和谐"践行自己的理想信念呢？

1. 教书育人为富强

一个国家的富强，与综合国力相关，涉及到政治、军事、文化、社会、教育、科学技术等方面。在中华民族实现富强之路的过程中，教师践行"富强"价值观，在具体方式上与直接从事物质生产的工农阶层是不同的，教师是通过教书育人培养合格劳动者的身份加入到社会物质生产者行列中来，为实现国家富强、人民富裕作出自己的贡献。因此教师的教书育人从某种意义

 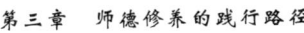

第三章　师德修养的践行路径

上说,是为了国富民强。将国富民强,消除贫困融入教育教学就是在践行社会主义核心价值观。

(1) 将国富民强融入教育教学

教书育人为富强,教师要将建设富强的国家融入教育教学环节,激励学生关注国家的经济发展,为中华崛起而发奋学习。

第一,将国家的经济发展融入教育教学。教师可以通过下列渠道来关注国家的经济发展,并将其融入教育教学。

一是每年春天的"两会"。每年春天的"两会"是指每年春天,同时召开全国人民代表大会和全国政协会议。纵观近年来全国两会代表委员们关注的热点话题,主要集中在国计和民生两个方面。主要内容包括:加强宏观调控,经济平稳发展;加强三农工作,促进农业增收;转变增长方式,区域协调发展;深化国企改革,引导非公经济发展;构建社会主义和谐社会,确保社会安定等。教师要关注"两会",并根据学生的年龄、智力有选择地组织收看。

二是每年的中央1号文件。历年中央一号文件的主题都是关于农业、农村、农民即农业发展的问题,也叫"三农问题"。对于我们这样一个13亿人口的大国,农业问题始终是关系到国计民生的大问题。教师,特别是农村教师要关注每年的中央1号文件,并有选择地向学生宣讲。

三是"五年规划"。我国是从1953年开始制定以五年一个时间段来做国家的中短期规划的,第一个"五年计划",我们就简称为"一五",然后以此类推。"十二五"规划的全称是:中华人民共和国国民经济和社会发展第十二个五年规划纲要。"十二五"规划的起止时间:2011—2015年。教师要关注国家的五年计划,有选择地组织学生进行学习和讨论。

四是国家经济发展的重大决定。2014年11月,习近平在亚太经合组织(APEC)工商领导人峰会上首次系统阐述了经济发展新常态。经济发展新常态的几个主要特点是:速度增长进入换挡期,——"从高速增长转为中高速增长",结构——"经济结构不断优化升级",动力——"从要素驱动、投资驱动转向创新驱动"。当年12月5日,中央政治局会议上首提经济发展新常态。中央政治局会议的公报中,有三处提到新常态:"我国进入经济发展新常态,经济韧性好、潜力足、回旋空间大"、"经济发展新常态下出现的一些趋势性变化使经济社会发展面临不少困难和挑战"、"主动适应经济发展新常态,保持经济运行在合理区间"。教师要关心国家大事,也要教育学生养成关心国家大事的习惯。

第二，将当地的经济建设纳入教师工作。教师如何才能将当地的经济建设纳入教师的工作中去？

一是要了解当地的经济发展。我们国家是一个幅员辽阔的大国，经济发展很不平衡，沿海地区经济发展迅速，西部地区经济发展就相对缓慢。同一地区由于历史、文化等方方面面的原因，经济发展也有自己的特色。教师要服务当地的经济发展，就要对当地的经济发展进行调查研究。

二是要了解当地的支柱产业。各地的资源不同、环境不同，支柱产业也不同。教师要服务当地的经济发展，就要对当地的支柱产业进行调查研究。

三是要结合学校的实际情况。学校的性质不同，能为当地经济建设服务的项目也不同，中等专业学校，职业技术学校，可以根据学校的情况直接为当地的经济建设服务。学校和企业双方本着服务企业，满足产业需求，提高教学质量和科研水平，集成各类资源，提升创新能力为目标，建立全面的产学研合作关系，实现优势互补、合作双赢。义务教育阶段的学校教师可以发挥自身的智力优势和技能优势，以政策研究咨询等多种形式开辟服务地方经济社会发展新途径。

教师要把当地的经济发展的现状传递给学生，促使学生努力学习，为家乡的繁荣昌盛贡献力量。

（2）将消除贫困融入教育教学

【案例】

无悔的选择——记国际青少年消除贫困奖获得者李保平老师

他的故事讲起来并不生动——也许他根本没有故事。作为一个耕耘者，他在那几尺见方的土地上辛勤地播种和收获了20年。他，赢得了家乡人民的信任；他，点燃了贫困地区孩子的眼睛；他，受到了联合国官员的高度评价。他就是四子王旗第五小学教师李保平，让我们一起来探寻他所走过的路。

李保平，男，1976年出生。1992年3月，望着家乡落后的面貌，听着那一阵阵催人泪下的"我要上学"的稚嫩童声，17岁的他竟异想天开地萌生了一个念头——办学。在村委会的支持下，他整理了几间校舍，又多方筹钱添置了教学用具，然后挨门逐户动员孩子们上学，终于，山村里响起了读书声。他爱校如家，爱生如子，常给孩子们烧开水、热干粮、擦鼻涕、系裤带……，既当教师，又当保姆，大到教书育人搞活动，小到洗手洗脸治感冒；他把学生的特长、文化知识和各种活动融为一体，使全体学生都得到发

 第三章 师德修养的践行路径

展,使每个学生全面发展。

每年除用于学校的开支外,他还为贫困生免除学杂书本费,买学习用品,买衣买袜。他先后劝说了20多名学生重返课堂,资助了十几名因贫失学的孩子,还供6名品学兼优的学生上完了初中,并把自己从牙缝里挤下来的800元钱一次性捐给了"希望工程"。为了缓解经济压力,帮助更多需要帮助的孩子,他带领学生种校田、养鸡、养猪、养兔、捡废品,大搞勤工俭学,共收入4000多元。自他任教后,村子里再没有一个儿童失学,再没有一个孩子因家长不支持而辍学。

李保平老师先后二十多次被评为旗级各类先进,并荣获全盟首届"十大杰出青年奖,"内蒙古"十大杰出青年"提名奖,全国"希望工程"园丁奖。鉴于他在改变自身命运的同时,又倾其所能帮助了身边的人,联合国开发计划署和中国青少年发展基金会授予他"国际青少年消除贫困奖"提名奖。

(资料来源:改编自百度文库:无悔的选择——记国际青少年消除贫困奖获得者李保平老师)

李保平老师通过自身的努力,为消除当地贫困而作出了自己的贡献,开辟出了一条穷乡僻壤走向希望的路。广大教师要以李保平为榜样,为消除贫困而教书育人。教师要牢固树立"贫穷不是社会主义","社会主义必须摆脱贫穷"的观念,要清楚认识到消除贫困现象,实现共同富裕,是社会主义的本质要求。

第一,为贫困地区的扶贫提供技术支持。贫困地区之所以贫困,原因是多方面的,其中一个重要的原因是缺少技术支持。教师可以从强化科技智力支撑入手,着力解决能力性贫困问题。教师可以利用自己某一方面的技术优势,为贫困群众脱贫致富提供技术培训。甘肃省庆阳市提出开展免费"对口培训",争取每个贫困户有一名科技明白人、掌握一门以上致富实用技术,努力培养有知识、懂科技、善经营、会管理的新型农民。这方面教师应该有所作为。

第二,帮助贫困地区的农民提高素质。贫困地区的贫困,还有一个重要的原因是劳动力素质因素。劳动力文化素质低,既是贫困的结果,又是造成贫困的原因。教师可以加强各种教育培训,帮助提高农民文化素质。西方经济学家舒尔茨曾说过:"改善穷人的决定因素不是空间、能源和耕地,而是人口质量的改善和知识的增进,要使农民增收,必须努力提高农民的知识和素质,这是突破农民增收缓慢问题的瓶颈。"教师可以为农民创造条件,通

过开办各种培训对农民进行素质培养，为农村的持续发展提供人才支撑和永久动力。①

第三，为贫困地区的新生代辛勤耕耘。中国有一半以上的学龄儿童在农村。农村教育是农村的希望。如果不把农村教育办好，不努力提高农村人口的文化素质，要实现经济社会协调发展、城乡之间协调发展，就是一句空话。但现实情况是贫困地区条件较为艰苦，很难留住教师，农村、山区的教师都想往城里跑。教师要认识到自己肩上所负的重担，自愿扎根农村，扎根山区，不断提高贫困地区的教育水平，为培养贫困地区的新一代建设者而默默奉献，辛勤耕耘。

2. 教书育人为民主

把民主列为社会主义核心价值观，最根本的是要把坚持党的领导、人民当家作主和依法治国有机统一起来，也就是将党的领导的集中性、人民当家作主的积极性和依法治国的合理性充分结合起来。在我国推进民主政治的过程中，教师又将如何发挥自己的作用？教师又是如何践行民主这一社会主义核心价值观？

(1) 将民主制度建设纳入师德修养

民主制度建设和民主的实现程度都是在历史发展过程中不断完善和提高的，我国的民主制度建设也不可能一蹴而就。由于有两千多年封建专制历史，人治的思想和习惯影响很深，人们的民主法制观念比较淡薄，这对民主法制建设干扰很大。建设民主法制国家我们可能比其他国家困难更多，全面实现依法治国将会是一个相当长期的过程。面对民主制度建设的长期性，教师要积极发挥自身的作用，将民主制度的建设纳入师德修养。教师要通过正常程序传递对国家民主制度建设的观点、意见、建议，为推进我国民主政治建设的进程发挥自己的作用。教师对建立民主制度进言献策的渠道主要有：

第一，通过学术研究探讨民主制度的建设。学科分类中有一门学科——政治学，政治学的研究对象是国家政权，包括政治国家、政治制度和政治过程等。教师中有专门学政治学专业的，也有对政治学感兴趣的。在培育和践行社会主义核心价值观的过程中，教师可以研究现代政治学的基本概念、原理和基础知识，还可以研究国内外政治学研究的最新成果，诸如新的国家理论与政府理论、政党转型问题、新的政治文化等，形成自己的独特的理论观点。学术研究领域提倡百花齐放，百家争鸣，教师在学术研究中可以和同行

---

① 邓越卿、徐茜. 我国农民贫困原因分析及对策. 233网校论文中心，2010-03-22.

第三章 师德修养的践行路径

交流自己的研究成果。

第二,通过新闻媒体公开发表自己的建议。新闻媒体在培育和践行社会主义核心价值观,也会征求关于民主制度建设方面的稿件,教师可以通过新闻媒体公开发表自己的观点。

第三,通过人民来信直接反映自己的意见。教师还可以给国家机关写信,通过人民来信的形式直接反映自己的意见。现在的"人民来信"不仅仅是写信了,通讯工具很多,可以用打电话的形式反映,也可以用微信的形式反映。

第四,通过人大代表向上传递民众的意见。我国政权的组织形式是人民代表大会制度,人民代表大会是国家的权力机关,人民代表大会有一项重要的工作是制定法律、法规。为了更好地行使国家权力,制定良法良规,人大有一个"人大代表联系群众制度",规定人大代表联系某一地区、某一行业的群众,将该地区、该行业的群众的心声反映到人大。教师可以将自己的意见、建议和要求通过人大代表反映到国家权力机关。

关注国家民主制度的建设,反映对国家民主建设的意见和建议,渠道很多。需要提醒的是教师不能通过网络、传单等渠道发表不利于国家民主制度建设的言论,更不能传小道消息。很多小道消息都是谣言,都是别有用心的人编造的,都是破坏国家民主制度建设的。即便有一些言论看似有理,也是一些激进分子的一家之见。我国的民主制度建设不是靠激进分子的激进做法就能成的,弄不好就会国家大乱,而国家大乱,倒霉的还是我们平民百姓。

(2) 将废除独断专行纳入师德修养

教师一方面要为建立民主制度而进言献策,另一方面要为废除独断专行而勇于战斗,将废除独断专行也纳入师德修养。

第一,对官员的独断专行要勇于揭露。中国封建专制主义中央集权制度延续了两千多年,对中国历史发展产生了重大影响。时至今日,某些专制思想仍有残余。如:有些官员封建等级观念严重,专制作风盛行,专横跋扈,贪污腐败,结党营私,大摆官威,大搞封建特权思想,在其位不谋其政;任人惟亲、任人惟派;不允许有不同的声音。对于以上这些现象,教师应当勇敢地揭露,这是法律赋予我们的神圣职责。

第二,对校长的独断专行要积极抵制。中小学实行的是校长负责制,在某些学校中,校长实行人治,搞家长制作风。为了保障教师民主参与管理,《教师法》第七条第五项规定:"教师享有对学校教育教学、管理工作和教育行政部门的工作提出意见和建议,通过教职工代表大会或者其他形式,参与学校的民主管理的权利。"尽管已经有法律对教师的民主参与管理权作了规定,但在现实生活中教师的民主参与管理权受到侵犯的事件屡见不鲜,由此引发的纠纷及案件日渐增多。有的教师是忍气吞声,有的教师是意气用事、鲁莽冲动,有的教师则是大吵大闹,或对工作消极敷衍甚至迁怒于学生。上述行为不仅无济于事,而且会扰乱正常的教学秩序,严重时还会危害学生的身心健康。那么教师如何正确履行自己的民主参与管理权呢?

一是教师有权通过教职工代表大会、工会等组织形式以及其他适当方式,参加学校的民主管理,讨论学校发展、改革等方面的重大事项。

二是教师要敢于同不法行为进行斗争,勇于行使宪法和法律赋予自己的民主管理权。

三是教师在行使这项权利的过程中,应当遵循民主集中制的原则,并且把握好参与的"度"的问题,不能因此荒废了教学本职工作。

四是教师可以通过申诉、行政复议、行政诉讼与信访等形式参与民主管理。

3. 教书育人为文明

文明是社会进步的重要标志,也是中国特色社会主义的重要特征。教师教书育人为的就是社会的文明,教书育人为文明就是教师以实际行动践行社会主义核心价值观。教书育人为文明体现在教师要传播人类文明,要铲除影响社会文明的陋习,并把这些当成自己的事业。

(1) 将传播人类文明放进教师事业

教师的责任是重大的,教师的工作是崇高的,这是因为教师是人类文明的传递者,肩负着教书育人的神圣职责。教师应该将传播人类文明放进自己的事业,教师传播人类文明的方式是言传身教。

第一,教师要做文明用语的好榜样。"老师在学生心目中具有重要位置,老师无意间的一句话,可能造就一个天才,也可能毁灭一个天才。"这是习近平总书记在《做党和人民满意的好老师》里给教师的寄语。为了深入贯彻落社会主义核心价值观,要倡导老师文明用语。例如长春市教育局公布教师"十句文明用语"和"十句忌语"。

十句教师文明用语则分别为:

只要肯下功夫,就一定能学好。

老师相信你可以做得更好。

你真的很出色。

你一定能行。

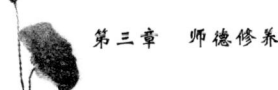

第三章 师德修养的践行路径

你的回答很独到。

老师很愿意帮助你。

你别急,再想一想,你会答得很好。

谁都可能会有错误,只要改正了,你仍然是好样的。

你很有个性,希望你发扬长处,克服不足。

谢谢同学们对老师的信任和支持。

十句教师忌语为:

就你拉我们班后腿。

你再这样,我就找家长惩罚你。

你把这道题再给我写……遍。

别人都懂了,怎么就你不懂。

不愿意上课就出去。

你就不能像……那样。

你真让我失望。

你一辈子就这样了。

你给我站起来。

我教了这么多年书,没见过你这样的。

第二,教师要在行为举止上成楷模。教师的行为举止包括:

一是着装得体整洁。服装符合职业特点,上班期间不穿拖鞋,男教师不穿背心,女教师不穿吊带衫和超短裙。

二是仪表端庄大方。男教师不留过长头发,女教师不可浓妆艳抹。

三是卫生习惯良好。保持口腔清洁,不随地吐痰,不当众抠鼻、挖耳、剔牙、搔痒、摇腿、脱鞋、伸懒腰、哼小调,若打哈欠、喷嚏应用纸巾捂住口鼻,面向一旁。

四是与人交往真诚。面带微笑,保持亲切、友好、真挚、积极的情绪状态,不流露厌烦、冷漠、蔑视、愤怒等表情。

五是说话态度亲切。与人交流语言自然、清晰、亲切,多用敬语、礼貌用语,公共场所不大声喧哗。

第三,教师要在社会生活中带好头。社会公共生活关系到每一个人的生存环境,也是社会文明程度的标志之一。

作为教师首先自己要做到:不随地吐痰、随意扔果皮纸屑;不乱倒垃圾、乱泼污水;不在禁止吸烟的场所吸烟;不攀折校园里的花草树木;积极参加校园、街道、社区的卫生活动。

社会主义核心价值观与师德修养

作为教师还要帮助其他人来维护公共秩序和公共环境。教师可以在社区开设社会公德、职业道德、家庭美德和个人品德方面的讲座。教师可以开展学雷锋活动，弘扬时代新风，在特定的时间带领学生做志愿者，外出宣传。教师可以利用微信、微博、博客等形式发送学习信息，比如名人事迹、名言警句等，把公民教育内容以快捷便利的通道，送到广大公民手中，增强教育活动实效性。

（2）将铲除陋习放进教师事业

目前社会上一些陋习还很多，尤其是农村，教师在传递人类文明的同时，还要将铲除陋习放进教师的事业中。

第一，广泛开展"改陋习，树新风"活动。在乡风文明宣传教育活动，很多地区开展"改陋习，树新风"活动，教师在宣传教育活动中能做的工作很多。

一是在学校宣传"改陋习，树新风"。尤其是农村的学校要在宣传橱窗、黑板报广泛宣传。发动学生找找身边的陋习，讨论讨论如何铲除这些陋习。

二是动员学生回家宣传"改陋习，树新风"。要求学生将学校的宣传带回家，向家长宣传，回到学校再进行交流学习。

三是在社会上宣传"改陋习，树新风"。学校可以和社区、乡村有关部门联合举办开展移风易俗、革除陋习等方面的宣传教育活动，使村民在耳濡目染中受到教育和熏陶；曝光不良现象，使农民群众明辨是非、美丑、善恶，认识不良习惯、风气、风俗的危害，增强"改陋习，树新风"的自觉性。

第二，广泛开展以修订村规民约为主要方式的乡风文明规范活动。学校教师可以配合有关部门修订完善村规民约，着力解决当前农村道德风尚倾向性问题，大力弘扬文明新风，使不良风气得到有效遏制。

第三，广泛开展以议陋习、树新风为主要内容的道德评议活动。学校教师可以配合当地政府开展道德评议活动，让群众在评议中得到启发，在评议中辩明是非。让不良的社会风气在评议中得到净化，文明的思想道德在评议中得到倡导。动员学生参与家庭创文明活动，帮助家庭争当"五好文明家庭"、"十星级文明户"、"好邻居"。学生在家庭创建文明活动中有成效的，教师要予以表扬。（蚌埠文明办《关于开展"改陋习 树新风"提升乡风文明创建活动的意见》2014-03-26）

4．教书育人为和谐

和谐是中国传统文化的基本理念，是经济持续健康发展的重要保证。和

 第三章 师德修养的践行路径

谐是社会价值目标,是中国特色社会主义的本质属性。在构建社会主义和谐社会中,教师应该如何践行社会主义核心价值观?教师要将建设和谐社会、防止社会动乱装进自己心里。

(1) 将建设和谐社会装进教师心里

教师要将建设和谐社会装进自己心里,具体体现在为学校所在的社区和谐提供便利。社区是社会的细胞,是居民群众的社会生活共同体。建设和谐社区是构建和谐社会的必然要求。

第一,学校为促进社区和谐提供便利。学校能向社区提供的便利主要有以下几种:

一是学校资源向社区开放。为了满足广大社区居民学习、娱乐、健身及各种文化活动的需求,提高社区居民的文化素质、文明程度和生活质量,学校资源向社区开放。这是由于学校具有知识、智力、场地、设备等方面的优势,是社区精神文明建设和提高市民素质的重要基地。学校的体育场地向社会开放,学校的图书馆向居民开放,学校的计算机室等免费向社区的居民开放。

二是办好社区家长学校。为了提高家长素质,促进学校、家庭、社区教育的相结合,学校可以举办社区家长学校。例如,江苏高邮市卸甲镇中心小学通过订阅一份报纸——《家长周报》、举办一些讲座——家教知识系列讲座、开展一些竞赛——家教知识竞赛等方式举办了社区家长学校,这对促进社会的和谐起到了一定的积极作用。

三是建立健全社区心理咨询网络。加强对居民的人文关怀和心理疏导,有利于社会的和谐稳定。学校的心理咨询室可以向社会公布咨询电话,免费为社区需要心理咨询的人员提供帮助。

第二,教师为促进社区和谐提供服务。教师利用自身的优势来促进社区和谐。教师可以做的事很多。

一是教师可以开展志愿者家教活动。教师深入到学生们的家中,帮助学生及家长解决学生学习中的困难。

二是教师可以开展科普知识进社区。在社区公共场所,建立读书亭、阅报栏、科普宣传橱窗等,营造社区青少年爱读书、爱学习的良好氛围。

三是教师可以开展法制宣传进社区。教师通过举办社区法制宣传、法律咨询、法制和禁毒图片展、以案说法等活动,增强社区居民的法制观念,预防和减少犯罪。

四是教师可以开展学雷锋小队进社区。教师利用节假日,进行爱绿护

社会主义核心价值观与师德修养

绿、擦拭社区宣传栏,创建文明和谐的社区。

五是教师可以开展马路执勤活动。在上下班交通道路高峰时,到马路进行志愿者执勤,为社区居民、学生的交通安全贡献了属于自己的一份力①。

(2) 将防止社会动乱装进教师心里

目前,我国社会总体上是和谐的,但也存在不少影响社会和谐的矛盾和问题,这些矛盾和问题往往引起群体性的事件,造成社会动乱。教师应该将防止社会动乱的信念装进心里,成为维持社会稳定的主要力量之一。

第一,教师群体不能动乱。按照《义务教育法》第三十一条的规定:"各级人民政府保障教师工资福利和社会保险待遇,改善教师工作和生活条件;完善农村教师工资经费保障机制。教师的平均工资水平应当不低于当地公务员的平均工资水平。特殊教育教师享有特殊岗位补助津贴。在民族地区和边远贫困地区工作的教师享有艰苦贫困地区补助津贴。"尽管如此,但是有些地方的政府不按法办事,甚至克扣教师工资。面对这种情况,教师怎么办?是罢工罢课、游行示威?如果这样做,则会给社会动乱提供导火线。遇到这样的情况,教师可以通过合法的程序向教育行政部门反映,也可以到劳动仲裁机构申请仲裁,还可以到法院起诉,还可以通过媒体、网络反映情况。不能以违法对付违法。

第二,教育学生不能参与动乱。我们的学生中,别看个子很高了,但是都是比较单纯,甚至很幼稚的。社会上发生动乱的事了,这些学生往往会去看热闹,还会参与进去打砸抢,在他们看来是搞些恶作剧,但实际上往往被别有用心的人利用,成为动乱的急先锋。教师要教育学生远离动乱,注意自己的人身安全,千万注意别被他人当枪使。

第三,教师要化解矛盾防止动乱。目前我国城乡、区域、经济社会发展很不平衡,人口资源环境压力加大;就业、社会保障、收入分配、教育、医疗、住房、安全生产、社会治安等方面关系群众切身利益的问题比较突出;体制机制尚不完善,民主法制还不健全;一些社会成员诚信缺失、道德失范,一些领导干部的素质、能力和作风与新形势新任务的要求还不适应;一些领域的腐败现象仍然比较严重;敌对势力的渗透破坏活动危及国家安全和社会稳定。教师要看到这些矛盾和问题,要尽可能地做些化解矛盾的工作。通过家访,做好学生家长的工作,通过社区,做好法制宣传工作。教师也可以通过合法的途径,反映困难群体的诉求。

---

① http://huodong.k618.cn/event/levy-15-view-1212333.html.

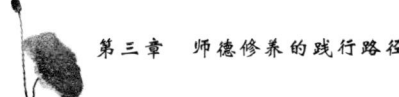

第三章 师德修养的践行路径

二、提升修身养性层次，增强为人师表的使命感

教师自古以来就被人们所赞美，"春蚕到死丝方尽，蜡炬成灰泪始干"。这句古诗正是对教师高尚道德品质的歌颂。做好老师，要有道德情操。但在新的历史时期，教师师德修养问题日益突出。有一项民意调查表明，在21种全民所有制行业中，教师被认为是社会形象最不好的一类。教师"师德失范"已成为一个全社会普遍关注的问题。教师侮辱学生、变相体罚学生，教师向家长索要财物，教师有偿家教等，在社会上造成极坏的影响。加强师德修养，践行为人师表刻不容缓，教师必须提升修身养性层次，增强为人师表的使命感。

（一）教师的修身养性要达到社会楷模

1. 教师的修身养性

修身，简单地说，就是修身养性。修身养性，它出自于元·无名氏《博望烧屯》第一折："贫道本是南阳一耕夫，岂管尘世之事只可修身养性，贫道去不的也。"所谓修身是指使身体健康；养性是指使心智本性不受损害。通过自我反省体察，使身心达到完美的境界。

中国古代传统美德非常重视修身养性，以形成自己完美的人格。孟子在《孟子·离娄上》曾说："天下之本在国，国之本在家，家之本在身。"意思是，修身是治国的基本前提。曾子在《礼记·大学》中说道："身修而后家齐，家齐而后国治，国治而后天下平。自天子以至于庶人，壹是皆以修身为本。"这就是说，自身品性修养后，才能管理好家庭；家庭管理好了，才能治理好国家；治理好国家后天下才能太平。从天子起一直到普通老百姓，一切都以修身为根本。简言之，曾子把修身看作是齐家、治国、平天下的根本。这也是儒家思想传统中知识分子尊崇的信条。

教师的修身养性，是指广大教师通过修养自己的身心，努力提高自身的思想道德修养水平。今天的修身养性与古代的修身养性是不同的，是有新的含义的。中国古代修身养性主要内涵包括戒生气、戒自卑、戒嫉妒、戒小人、戒诱惑、戒暴怒、平和心。① 而今天教师的修身养性，不仅包含着为人、处世的人生智慧，性格优化、情绪控制，也包含着对待自己职业和工作

---

① http://baike.baidu.com/link?url=eb3DgvM_qZ6y2Zsea-GhEF7DEyb0PxnwUBUd62PeGmGuALjyILwlwBm7MOOdajMq6tIScWFYgjD3IGMpZ_nxfa.

的基本态度。[1]

2. 教师的修身养性要达到社会楷模

(1) 社会的道德层次

我国儒家大师们认为，道德规范有它的层次结构。人的思想水平，不是整齐划一的，有高低不同层次之分。这种层次之分，基本符合客观事物的内在本质，符合人的认识规律，也符合人性的要求。

在社会主义社会中，道德是有层次性的。社会主义道德建设要以为人民服务为核心、以集体主义为原则。为人民服务，可以通过不同层次、不同形式表现出来的。毫不利己、专门利人、无私奉献是为人民服务；顾全大局、先公后私、爱岗敬业、办事公道是为人民服务；同志间、师生间、同学间互相关心、互相爱护、互相帮助是为人民服务；热心公益、助人为乐、见义勇为、扶贫济困、帮残助残是为人民服务；遵纪守法、诚实劳动并获取正当的个人利益，同样也是为人民服务。社会主义集体主义的道德要求具体分为三个层次：一是无私奉献、一心为公。这是集体主义的最高层次，是共产党员、先进分子应努力达到的道德目标。二是先公后私、先人后己。这是已经具有较高的社会主义道德觉悟的人们能够达到的道德目标。三是公私兼顾，不损公肥私。这是对我国公民最基本的道德要求[2]。对于今天建设有中国特色的社会主义现代化事业而言，我们需要的更多是第一层次的无私奉献、一心为公。

(2) 教师的道德层次在社会的上层

在社会主义初级阶段，对于不同利益群体和不同觉悟程度的人们，为人民服务的具体要求不可能是完全一样的，对于不同层次的人们应该有不同的要求。同样，在集体主义原则上，对不同群体的人也有不同的要求。

而对于教师来说，教师道德跟其他职业道德相比有着更高的要求。这是由教师职业的特殊性决定的。教师作为一个职业，与其他的职业有相似之处，都是一个工作岗位、一个饭碗。但是教师职业与其他工作又不一样，教师的服务对象是人，他们的劳动在于培养、塑造一代新人，教师的一切行为都会对学生产生强烈的影响。因而教师的道德层次要处于社会的上层，教师的修身养性要达到社会楷模。教师的职业道德往往要成为社会公德的标杆。事实也说明，历史上无论是哪个时代，教师道德总是处于当时社会道德的较

---

[1] 罗晓语. 教师应带头践行社会主义核心价值观 [N]. 光明日报，2013-10-07.
[2] 本书编写组. 思想道德修养与法律基础 [M]. 北京：高等教育出版社，2013：104、106.

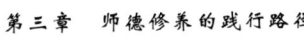
第三章 师德修养的践行路径

高水准上,作为人类道德继承和发展的主要桥梁而发挥着积极的作用。捷克教育家夸美纽斯说:"教师应该是道德卓越的优秀人物。"也就是说,在教师道德修养方面,教师必须坚持较高的标准,达到较高的水平。否则,就不配为人师。广大教师也应该继续努力,使自己达到无私奉献、一心为公的最高层次。

3. 教师的修身养性达到社会楷模要靠践行社会主义核心价值观

伴随着改革的深化,社会转型的加快,当今中国正在从传统社会向现代文明迈进。现代文明社会必然是自由、平等、公正、法治的社会。改革开放前后的历史经验与教训告诉我们,追求富强、民主、文明与和谐的社会主义强国,如果没有以自由平等和公正法治为核心价值观的社会主义市场经济与现代社会主义的公民社会为中介,也难以成功。"自由、平等、公正、法治",是对美好社会的生动表述,也是从社会层面对社会主义核心价值观基本理念的凝练。

自由、平等、公正、法治,作为社会的共同价值取向,明确了我们要建设什么样的社会,它们构成了社会发展的根基。自由彰显人的个性,平等呼唤公民尊严,公正提供社会良知,法治保障正当权益。全面发展以自由为基,市场经济以平等为先、政府治理以公正为要,社会秩序以法治为准。①

教师的修身养性要达到社会楷模,这要靠践行社会主义核心价值观。教师个人的修身立德、为人师表,既是教师职业道德建设的基础,也是教师带头践行社会主义核心价值观的基础。中国古代读书人追求的是"处庙堂之高,则忧其民;处江湖之远,则忧其君","入则为良相、出则为良医"。也就是说,读书的目的是学以致用,济世救民。教师的使命不仅只是局限于传授科学文化知识,更重要的是将价值追求和行为准则传授给年轻人,使其思想进步,最终促使社会的进步。拿老师对学生的影响来说,既离不开老师的学识和能力,更离不开老师为人处世、于国于民、于公于私所持的价值观。倡导自由、平等、公正、法治价值,是当今社会的要求。它反映了社会主义社会的基本属性,始终是我们党和国家奉行的核心价值理念。教师的修身养性也要朝着这个目标去努力,在全社会形成崇尚自由、平等、公正、法治的良好风气。只有这样,才能促进人的全面发展,社会更加富强民主文明。

---

① 何锡蓉. 当代中国的精神旗帜 社会主义核心价值观研究 [M]. 上海:上海人民出版社,2014:14.

社会主义核心价值观与师德修养

（二）坚持修身养性，践行为人师表

教师通过修身养性，成为社会楷模，即为人师表。那么教师如何围绕社会主义核心价值观"自由、平等、公平、法治"践行为人师表呢？

1. 为人师表讲自由

为人师表讲自由，这里的自由有教师自己的自由，也有其他教师的自由，学生的自由，学生家长的自由。如何行使自己的自由权，如何对待他人行使他人的自由权，是教师修身养性，为人师表需要驾驭的。

（1）教师有权行使自己的自由

第一，在教育教学中行使的自由。教师的劳动是独立劳动，教师在教育教学过程中的自由度是很大的。

一是在课堂教学中，教师可以根据自己的意愿备课、上课、布置作业。可以用自己的方式方法组织教学，用讲授法还是案例分析法，完全由自己决定。

二是在班级管理中，教师可以根据自己的意愿选择管理模式，可以采取自己独特的管理方法。

三是在学生活动中，教师可以根据自己的兴趣爱好组织学生开展活动，活动的内容、方式，教师都可以自己决定。

第二，在学术交流中行使的自由。教师要参加教研活动，学术研究等活动。教师在这类活动中也享有充分的自由，可以自由地发表自己的观点，表达自己的意愿。

（2）教师需要调控自己的自由

第一，教师需要把自由调控在一定的度内。自由不是随心所欲，都是有限度的，因此教师在行使自己的自由权时，要把自由调控在一定的度内。

一是教育教学活动要按照国家规定的标准进行。《义务教育法》第三十五条规定："国务院教育行政部门根据适龄儿童、少年身心发展的状况和实际情况，确定教学制度、教育教学内容和课程设置，改革考试制度，并改进高级中等学校招生办法，推进实施素质教育。学校和教师按照确定的教育教学内容和课程设置开展教育教学活动，保证达到国家规定的基本质量要求。国家鼓励学校和教师采用启发式教育等教育教学方法，提高教育教学质量。"教师不能因为强调自由而自作主张地提出各种加重学生负担的要求。

二是科研学术活动要按照行业形成的惯例进行。各个行业都有自己的行为规范，教师行业也不例外，除了《中小学职业道德规范》外，教育行业中还有一些行业惯例，例如学术研讨会，事先要有论文提供，大会发言要有发

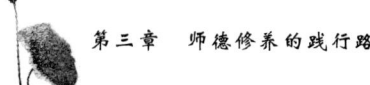 第三章 师德修养的践行路径

言稿或提纲,小组讨论有时间的规定,不能一人包场,大会发言,小组讨论都有主持人,要按照主持人的安排进行活动等等。教师不能因为强调自己的自由而破坏了行业惯例。

第二,教师不能因为自己的自由影响他人。教师的教育教学活动,学术研讨活动都是与他人打交道的工作,教师不能强调自己的自由而影响他人的自由。

一是教育教学活动要考虑到是否影响别的班级。有些教师光顾着自己班级的活动,往往忽略了其他班级的活动。如,播放的音乐声音很大,学生活动的声响很大,直接影响了其他班级的教学。

二是科研学术活动要考虑是否影响到别的教师。有些教师以搞科研为名,频繁地调课,动用别的班的学生,也会影响到其他教师正常的教育教学工作。

(3)教师要尊重他人行使自由

第一,教师要尊重他人的说话自由。教师天天面对学生,还要与其他教师打交道,有时还要和家长交流。教师在与他人交谈时要眼睛看着对方,认真倾听对方的发言,不去贸然打断他人讲话。这些都体现了一名教师的修养,尊重他人的说话自由。

第二,教师要尊重他人的行为自由。每个人都有自己的事,各人做各人的事,这是他们的行为自由。教师尊重他人的行为自由,首先是不妨碍他人。教师走进办公室要轻轻的,因为其他教师在备课、批改作业;教师走进教室也要轻轻的,因为有学生在看书学习;教师走在走廊上走路也要轻轻的,因为声音大了会影响其他人。教师如果能够为他人的行为自由提供方便则更好了。

2. 为人师表讲平等

为人师表讲平等,包括师生关系上的平等、教师与同行关系上的平等和教师与家长关系上的平等。为人师表讲平等是践行社会主义核心价值观。

(1)平等对待学生

在等级森严的封建社会制度中,盛行"师道尊严","一日为师,终身为父",这种观念影响至今。教师修身养性,一个重要的修养就是学会平等地对待学生,因为从民法上讲师生之间是完全平等的。

第一,尊重学生的人格。《教师法》第八条明确规定教师有义务"关心、爱护全体学生,尊重学生人格,促进学生在品德、智力、体质等方面全面发展"。尊重学生的人格表现在以下几个方面:

一要放下架子。教师要在姿态上给学生以平等感。和学生谈话时，教师应该平视学生；和个子小的学生说话，教师应该弯下腰来和他们谈话；教师坐着和学生说话时，也应该让学生坐下来。总之教师不能给学生以居高临下的压抑感。

二要面带微笑。教师不要吝啬自己的笑容，教师面带微笑地对待学生，学生会感觉受到了尊重。教师也有情绪，也会生气，但是一旦走进教室，面对学生时，教师就必须把自己的情绪控制好，不能带着情绪上课。为此教师在上课前需要整理自己的情绪，告诉自己，开心一些，再开心一些。

第二，保护学生的自尊。苏霍姆林斯基说过："儿童的尊严是人类最敏感的角落，保护儿童的自尊心，就是保护儿童的潜在力量。"教师要像保护自己的眼睛一样保护学生的自尊心。

一是在课堂教学时的保护。教师在课堂提问时，一定要注意题目的深浅层次和难易程度来确定不同的回答对象。绝不能故意刁难学生，使学生回答不出而感到难堪。

二是在集体活动中的保护。教师在组织集体活动时，要尽可能多地让学生在活动中充分地表现自己。每个学生都有自己的长处，有些学生的长处不能在学习中展示，但是可以在集体活动中展示。在集体活动中，教师还要防止某些学生因失败而招致其他同学的讥笑，伤害其自尊心。

第三，包容学生的问题。《未成年人保护法》第十八条规定："学校应当尊重未成年学生受教育的权利，关心、爱护学生，对品行有缺点、学习有困难的学生，应当耐心教育、帮助，不得歧视，不得违反法律和国家规定开除未成年学生。"该法将平常人们口中的"双差生"明确为"品行有缺点、学习有困难"。人无完人，何况是正处在成长中的未成年学生？未成年学生在成长的过程中犯些错误是很正常的。小时候不懂事，调皮捣蛋，甚至胡作非为，并不影响他们长大成人后成为守法的公民，成为有道德修养的人。学习是艰苦的事，谁学习上不会碰到困难，何况是正在中小学读书的未成年学生？未成年学生在学习的过程中碰到困难是非常普遍的现象。小学、中学时代不想学习，不会学习，成绩不好，也并不意味着他们将来不想学习，不会学习，不会成才。因此教师要包容学生的问题。

陶行知告知教师："你的教鞭下有瓦特，你的冷眼里有牛顿，你的讥笑中有爱迪生。你别忙着把他们赶跑。你可要等到：坐火轮，点电灯，学微积分，才认他们是你当年的小学生？"陶行知不仅是这样说的，在实践中也是这样做的。

第三章 师德修养的践行路径

【案例】

陶行知四颗糖的故事

陶行知先生在育才学校当校长时，曾经发生过这样一件事情：一天，陶行知在校园里看到学生王友用泥巴砸自己班上的男同学，陶行知立即制止了他，并让他放学后到校长室去。

放学后，王友早早地来到校长室门口准备挨训。这时，陶行知走过来了。他一看到王友，就掏出一块糖果递给他，说："这是奖给你的，因为你按时来了，而我却迟到了。"王友惊愕地接过糖果，目不转睛地看着陶行知。这时，陶行知又掏出一块糖果递给王友，说："这块糖果也是奖给你的，因为当我不让你再打人的时候，你立即就住手了，这说明你很尊重我，我应该奖励你。"王友更惊愕了，他不知道校长到底想干什么。

这时，陶行知又掏出一块糖果放到王友的手里说："我已经调查过了，你用泥块砸那些男生，是因为他们不守游戏规则，欺负女生。你砸他们证明你很正直善良，并且有跟坏人作斗争的勇气，应该奖励。"

王友听了非常感动，他失声叫了起来："校长，你打我吧，我砸的不是坏人，而是自己的同学呀！"陶行知满意地笑了，又掏出一块糖果递给王友，说："你能正确地认识错误，这块糖果值得奖励给你。现在我已经没有糖果了，你也可以回去了。"

（资料来源：选自《中国青年报》2001年8月15日）

从陶行知四颗糖的故事，我们可以看出，教师只有以平等的心态去看待学生，以宽容的态度去对待学生，才能实现师生间的真正平等。

（2）平等对待同行

由于教师与教师之间共处于一个职业群体，从事共同的工作，扮演相同的角色，因此他们形成了一种以教师为职业纽带的人际关系。从人格上讲，每个教师都是相互平等的，应当相互尊重。

第一，不拉帮结派。教师切忌私自拉帮结派，形成小圈子，这样容易引发圈外其他教师的对立情绪，不利于教师队伍的团结。教师更不应该在圈内圈外散布小道消息，充当"消息灵通人士"。

第二，要尊老爱幼。老教师不能因为自己知识渊博，教学经验丰富而歧视年轻教师；年轻教师也不能自持接受能力强，掌握着最新的知识技能而不尊重老教师。教师要互相尊重，共同进步。

第三,不文人相轻。由于分工不同,有的教师担任主科的教学,有的教师担任副科的教学。不同学科的教师都有自己的学科专长。教师之间切不可对别的学科教师随意评头论足,甚至蔑视,贬低。看不起其他学科的教师是文人相轻的表现。

(3) 平等对待学生家长

教师是一名普通的从业人员,与社会各行各业的劳动者一样,从事教育这项工作,只不过是社会分工,社会角色不同罢了。因此,教师和家长的沟通应该是建立在平等的基础上的。

第一,要尊重家长。作为教师,在与学生家长联系交往中不能以为自己有较高的知识素养,以傲气十足的态度对待学生家长,表现出冷漠傲慢,盛气凌人的态度,这都是没有修养的表现。教师可以向家长提出要求和建议,但这种要求绝不是发号施令,决不能是命令式的,而是要与家长一起实事求是地分析学生的问题,研究解决的办法等。有些教师对家长动不动就训斥、指责,造成教师与家长之间产生隔阂,甚至对立,严重地损害了教师的形象。

第二,要一视同仁。学生的家庭背景和状况各不相同,教师不能人为地把学生和家长分成三六九等。教师在接待家长时绝不能带着世俗的功利色彩,以职取人,以财取人。既不能在社会地位高、经济条件好的家长面前阿谀奉承,也不能在社会地位和经济条件差的家长面前摆架子。

第三,要坚持原则。有些家长溺爱孩子,也希望教师对自己的孩子迁就一些。家长的这种心情可以理解,但是教师不能迁就学生,也不能迁就家长。教师需要向这些家长进行耐心地解释,帮助他们用正确的方式方法教育孩子。在这个问题上,教师要坚持原则,坚决拒绝家长提出的不合理要求。

3. 为人师表讲公正

教师为人师表讲公正就是在践行社会主义核心价值观。为人师表讲公正主要表现在公正地处理师生纠纷,公正地处理学生纠纷。

(1) 教师要公正处理师生纠纷

处在叛逆期的学生往往不服从学校教师的管理,有些教师在管理学生的过程中不注意方式方法,学生与教师发生冲突在中学阶段还是较多的。此类事情发生之后,学校应基于公正和严肃,尽快给予妥善处置,达成一个令各方都信服的结果。作为教师要会公正地处理师生间的纠纷。

第一,相信有关部门不会因纠纷一方是教师而忽视。师生之间发生纠纷,不管教师是否有理,外界的评论都是同情学生,谴责教师。教师对此应该有足够的认识,因为从身份上说,纠纷的双方一方是教师,一方是学生,

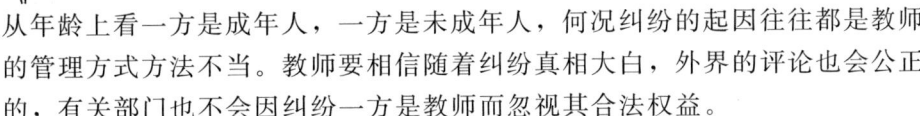

第三章 师德修养的践行路径

从年龄上看一方是成年人,一方是未成年人,何况纠纷的起因往往都是教师的管理方式方法不当。教师要相信随着纠纷真相大白,外界的评论也会公正的,有关部门也不会因纠纷一方是教师而忽视其合法权益。

第二,教师要意识到不因纠纷一方是学生而责难。在师生关系中,学生无论如何都是是弱势群体。在处理师生纠纷时,不论学生是否犯错,教师都不能因其是学生而责难他们。何况学生即使有错,也不是无缘无故,也都是有原因的,有些原因就出在教师身上。因此教师不能采取过激手段对待学生,不能因为要制服学生采取高压措施,不能非和学生争个高低,更不能因为有矛盾而借题发挥。对于因教师处理问题不当造成的师生冲突,教师该向学生道歉的就应该放下面子,主动道歉。

(2) 教师要公正处理学生纠纷

学生在学习和生活中,与同学产生矛盾甚至发生冲突是在所难免的。公正原则要求教师在处理涉及学生之间的矛盾和纠纷的时候,必须主持公道。教师不能偏袒一方,责难一方。优等生犯了错误,教师决不能护短;后进生犯了错误,教师决不能揪住不放。教师必须调查研究,分析原因、寻求解决办法,要做到"公平如秤",让学生心悦诚服,妥善化解矛盾。具体来说,教师要做到:

第一,不急着下结论。学生之间发生矛盾时,教师要先调查清楚,不急于下结论,把事实真相弄清楚。

第二,不偏袒任何一方。学生最忌恨的是教师不能"一碗水端平",因此教师在处理学生纠纷时,避免自己感情的影响,没有偏见,不偏袒任何一方。

第三,不溯及过去往事。有些教师在处理学生纠纷时往往溯及过去,把学生过去犯的错一股脑儿又翻了出来,喋喋不休地说那些"陈芝麻烂谷子"。学生希望过去是过去,现在是现在,就事论事,不要拖泥带水。

第四,不自说自话处理。在处理学生纠纷时,教师不要以为自己比学生高明,有时候学生也很高明,因此在处理学生纠纷时,不妨多征求学生的意见,征求旁观者的意见,因为旁观者清;征求当事人双方的意见,因为双方也可能都退一步。上法院打官司还有调解程序呢,何况是在班上处理"鸡毛蒜皮"的小事。

第五,不把学生看扁了。学生之间发生纠纷是很正常的事,往往昨天两人还闹得不可开交,今天又坐在一起聊天了,因为事后学生自己也觉得没什么大不了的事。因此学生间有了纠纷,教师不能因此就把学生看扁了。学生

往往就是在吵吵闹闹中学会发现矛盾，解决矛盾，学会处理人际关系，学会健康成长。

4．为人师表讲法治

依法治教靠我们每一名教师，靠教师刻苦学法，自觉守法，坚决不违法。教师做到这些就是在践行社会主义核心价值观。

（1）教师要刻苦学法

教师要学哪些法呢？下面请看一张表格：

全国人大	宪法（第一级）		
	基本法（第二级）《教育法》		
全国人大常委会	普通法（第三级）《义务教育法》《高等教育法》《职业教育法》《民办教育促进法》《教师法》		
	行政法规（第四级）《教师资格条例》《学校体育工作条例》《学校卫生工作条例》		国务院
省、自治区、直辖市及大市人大及常委会	地方性法规（第五级）《合肥市中小学校学生人身伤害事故预防与处理条例》		
省、自治区、直辖市及大市政府	地方性规章（第六级）《南京市学前教育管理办法》	部门规章（第六级）《中小学幼儿园安全管理办法》	国务院职能部门（教育部等）

从上述表格中可以看出，法分为六个级别，第一、二、三级称为法律；第四、五级称为法律；第六级称为规章。上位法优于下位法，下位法服从上位法。

第一，教师要学《宪法》。

2014年10月23日中国共产党第十八届中央委员会第四次全体会议通过了《中共中央关于全面推进依法治国若干重大问题的决定》。该决定明确："坚持依法治国首先要坚持依宪治国。"宪法是国家的根本大法，法律至上，宪法至上。《宪法》规定了我国的教育目的、教育任务、教育制度和教育管理；明确了公民受教育的权利和义务；还强调了未成年人保护。宪法对教育所做的规定都是教育领域里的重大问题，全国人大需要需要依据《宪法》制

 第三章 师德修养的践行路径

定教育领域里的基本法。

第二，教师要学习涉及教育的法律。

一是《教育法》。《教育法》是教育的基本法，对涉及教育的基本问题作了规定，明确了教育的基本原则、教育的基本制度、学校及其他教育机构的权利和义务、教师和其他教育工作者的工作规定、受教育者的权利和义务、教育与社会的关系、教育投入与条件保障、教育对外交流与合作等。由于《教育法》是教育领域的母法，教育领域的其他法都是其子法，因此教师要认真学习《教育法》。

二是《义务教育法》。《义务教育法》是专门为了保障适龄儿童、少年接受义务教育的权利，保证义务教育的实施，提高全民族素质，根据宪法和教育法而制定的法律。该法对义务教育阶段学生、学校、教师、教育教学、经费保障诸多问题作出了具体的规定。作为义务教育阶段的教师要认真地学习《义务教育法》。

三是《教师法》。《教师法》是为了保障教师的合法权益，建设具有良好思想品德修养和业务素质的教师队伍，促进社会主义教育事业的发展而制定的法律。《教师法》对教师这一职业做了界定，明确"教师是履行教育教学职责的专业人员，承担教书育人，培养社会主义事业建设者和接班人、提高民族素质的使命"。强调"教师应当忠诚于人民的教育事业"。《教师法》还明确了教师的权利和义务，规定了教师的资格和任用、教师的培养和培训、教师的考核、教师的待遇和奖励。教师要认真地学习《教师法》。

第三，教师要学习涉及教育的法规。

一是国务院的行政法规。国务院制定的行政法规主要有《教师资格条例》《学校体育工作条例》《学校卫生工作条例》。教师可以结合自己的工作学习相关的行政法规。

二是地方性法规。各地的地方性法规都是为了解决各地教育工作中遇到的法律问题而作出的地方性法规。教师要了解本地有哪些地方性法规，遇事才能找到法规规定。

第四，教师要学习涉及教育的规章。

一是国务院职能部门的规章。2006年6月30日教育部、公安部、司法部、建设部、交通部、文化部、卫生部、国家工商行政管理总局、国家质量监督检验检疫总局、新闻出版总署等十部委联合发布了《中小学幼儿园安全管理办法》，学校要依据这一部门规章做好学校的安全管理工作。

二是地方性规章。各省及有权制定地方性规章的城市都会为了解决当地

教育问题而出台地方性规章。教师也要了解本地有哪些地方性规章,以便更切合实际地处理相关的问题。

(2) 教师要自觉守法

第一,教师要依法修身。《义务教育法》第二十八条规定:"教师享有法律规定的权利,履行法律规定的义务,应当为人师表,忠诚于人民的教育事业。"教师只有这样修身养性,才能得到社会的尊重。

第二,教师要依法施教。《义务教育法》第二十九条分两款对教师的教育教学行为作了规定:第一款是从义务性的角度进行规定的:"教师在教育教学中应当平等对待学生,关注学生的个体差异,因材施教,促进学生的充分发展。"第二款是从禁止性的角度进行规定的:"教师应当尊重学生的人格,不得歧视学生,不得对学生实施体罚、变相体罚或者其他侮辱人格尊严的行为,不得侵犯学生合法权益。"教师必须按照上述规定规范自己的行为。

第三,教师要依法办事。学校发生了学生伤害事故,学生及其家长会"大闹大解决",此时教师就要查找相关的地方性法规来处理。是学校的责任,学校接受处罚,该怎么赔就怎么赔。是学生本人的责任,学生本人承担责任,由其法定监护人承担赔偿责任。依法处理才是正道,靠闹是不能解决问题的。

(3) 教师坚决不能违法

《教师法》第三十七条明确教师有下列三种情形之一的,由所在学校、其他教育机构或者教育行政部门给予行政处分或者解聘。这三种情形是:(一)故意不完成教育教学任务给教育教学工作造成损失的;(二)体罚学生,经教育不改的;(三)品行不良、侮辱学生,影响恶劣的。这是教师违法要承担的行政责任。《教师法》的这一条款还规定:教师如果有上面列举的第(二)项和第(三)项所列情形之一,情节严重,构成犯罪的,依法追究刑事责任。这是教师违法要承担的刑事责任。除此之外,教师都得赔偿学生的人身损害,这是教师违法要承担的民事责任。

上述法律条文的剖析告诉我们:

第一,教师违法要承担民事责任。

第二,教师违法要承担行政责任。

第三,教师违法要承担刑事责任。

三、提升职业操守层次,增强立德树人的责任感

2014年9月,习近平在北师大师生代表座谈时的讲话中说,"教师重

 第三章 师德修养的践行路径

要,就在于教师的工作是塑造灵魂、塑造生命、塑造人的工作。一个人遇到好老师是人生的幸运,一个学校拥有好老师是学校的光荣,一个民族源源不断涌现出一批又一批好老师则是民族的希望。国家繁荣、民族振兴、教育发展,需要我们大力培养造就一支师德高尚、业务精湛、结构合理、充满活力的高素质专业化教师队伍,需要涌现一大批好老师。"[①]教师要提升职业操守层次,增强立德树人的责任感。这也是教师践行社会主义核心价值观的需要。

(一)教师的职业操守要塑造成行业样板

1. 教师的职业操守

职业操守,就是同人们的职业活动紧密联系的符合职业特点所要求的道德准则、道德情操与道德品质的总和,它既是对本职人员在职业活动中行为的要求,同时又是职业对社会所负的道德责任与义务。

教师的职业操守,是同教师的职业活动紧密联系的符合教师职业特点所要求的道德准则、道德情操与道德品质的总和。教师的职业操守既是教师在教学过程中必须遵守的行为规范,又是教育行业对社会所负的道德责任和义务。因此,教师带头践行社会主义核心价值观,重点就是坚守良好的职业操守。育人先育己,教师首先要不断提升自己的职业操守。

2. 教师的职业操守要塑造成行业样板

每个行业都有自己的行为准则,这些行为准则主要靠法律、职业道德规范及人们的内心信念来维系。《中共中央关于加强社会主义精神文明建设若干问题的决议》规定了各行各业都应共同遵守的职业道德的五项基本规范——爱岗敬业、诚实守信、办事公道、服务群众、奉献社会。

教师的职业操守跟其他职业操守相比,有着自身的特点。因为教师承担着传播人类文化、开发人类智力、塑造人类灵魂的神圣职责。教师是人类灵魂的工程师,是学生成长的引路人。教师的思想政治素质和职业道德水平直接关系到中小学德育工作状况和亿万青少年的健康成长,关系到国家的前途命运和民族的未来。加强中小学教师职业道德建设,提高教师的师德素养,对于确保党的事业后继有人和社会主义事业兴旺发达,全面建设小康社会,

---

① 习近平. 做党和人民满意的好老师——同北京师范大学师生代表座谈时的讲话 [N]. 人民日报,2014-09-10.

构建社会主义和谐社会，实现中华民族伟大复兴，具有十分重要的意义。①

正由于教师劳动的示范性特点，决定教师的思想观念、道德境界、理想信念会对学生起着直接的、示范性作用。基于这样的认识，社会、国家对教师寄也予了不同于一般行业从业人员的期望，对其提出了近乎完美的职业操守要求。

教师职业道德规范让教师的操守有规可依，有章可循。其中爱国守法是教师职业的基本要求。热爱祖国是每个公民，也是每个教师的神圣职责和义务。爱岗敬业是教师职业的本质要求。没有责任就办不好教育，没有感情就做不好教育工作。关爱学生是师德的灵魂，教书育人是教师的天职，为人师表是教师职业的内在要求，终身学习是教师专业发展不竭的动力。

从《公民道德建设实施纲要》和《中小学教师职业道德规范》中，我们可以看出，爱国、敬业、诚信、友善，是公民基本道德规范的核心要求，是基本的职业操守，也是社会主义职业道德的基本要求。社会公众对教师的职业操守要求是非常高的，教师的职业操守要塑造成行业样板。作为一名教师，要坚持职业操守。教师的职业操守，就是用爱国、敬业、诚信、友的标准要求自己，且将四个标准当成一个整体。师德应该成为各行各业的样板。唯有爱国、敬业、诚信、友善，教师才能真正做到关爱学生、教书育人、为人师表，为祖国培养高素质的人才。

3. 教师的职业操守塑造成行业样板要靠践行社会主义核心价值观

核心价值观只有扎根于现实生活，与人们的日常生活紧密相连，甚至通过道德规范固化下来，成为一种文化，才能逐渐转化为人民群众的内在信念和自觉行为。培养社会主义核心价值观，之所以要倡导爱国、敬业、诚信、友善，是因为它们贯穿于我国公民道德行为的各个环节，涵盖了社会公德、职业道德、家庭美德、个人品德等各个方面，是与人们日常生活紧密相连的基本价值规范。② 习近平总书记在会见第四届全国道德模范及提名奖获得者时指出："当前，全国各族人民正在为实现中华民族伟大复兴的中国梦而奋斗。我们要按照党的十八大提出的培育和践行社会主义核心价值观的要求，高度重视和切实加强道德建设，推进社会公德、职业道德、家庭美德、个人

---

① 教育部、中国 教科文卫体工会全国委员会. 关于重新修订和印发《中小学教师职业道德规范》的通知. 2008-09-01.
② 中共中央组织部党员教育中心组织编写. 兴国之魂：社会主义核心价值观五讲［M］. 北京：人民出版社，2013：116.

第三章　师德修养的践行路径

品德教育，倡导爱国、敬业、诚信、友善等基本道德规范，培育知荣辱、讲正气、作奉献、促和谐的良好风尚。"①

教师的职业服务的对象是学生，教师的一言一行对学生有着影响。俗话说：身教重于言教。前面谈到教师的职业操守，就是要用爱国、敬业、诚信、友善的标准要求自己，那么教师如何做到爱国、敬业、诚信、友善呢？这需要教师践行社会主义核心价值观。在社会主义核心价值观中的爱国、敬业、诚信、友善，这体现了社会主义国家公民的基本价值追求和道德准则要求，是立足个人层面概括出的社会主义核心价值观。它是公民基本道德规范的核心要求，体现了社会主义价值追求和公民道德行为的本质属性。这一倡导为公众找到了核心价值观里的个人定位。②对教师来说，教师的职业操守塑造成行业样板要靠践行社会主义核心价值观。教师的爱国、敬业、诚信、友善恰恰体现在教师的职业操守上。教师的职业操守，不仅关系到自身生存和发展，也决定着整个国家的健康发展。有了教师的职业操守，中华民族的复兴和腾飞有了动力；有了教师的职业操守，中国特色社会主义共同理想的实现有了保证；有了教师的职业操守，我们祖国和民族必将早日实现美丽的中国梦。

（二）坚持职业操守，践行立德树人

教师的职业操守，不是空洞的口号，它实实在在地体现在教师的工作中，体现在立德树人的责任感中。习总书记所说的"明大德、守公德、严私德"，核心是"大德"。对于教师而言，"大德"主要表现为教师对"立德树人"崇高事业的职业道德，也就是我们常说的师德。教师要带头践行社会主义核心价值观，落脚点在于"聚焦立德树人"。职业操守需要教师自觉的践行。具体来说，坚持职业操守，践行立德树人要做到爱国、敬业、诚信、友善。

1. 立德树人要爱国

中国的教师必须爱中国，教师爱国应成为师德修养中的最重要的一条。教师只有爱国，才能在言传身教中感染学生爱国。教师的爱国体现在以下几个方面：

---

① 习近平. 深入开展学习宣传道德模范活动 为实现中国梦凝聚有力道德支撑 [N]. 人民日报，2013-09-27.

② 石国亮，莫忧. 社会主义核心价值观青少年读本 [M]. 北京：人民日报出版社，2014：54.

社会主义核心价值观与师德修养

（1）教师要爱祖国的大好河山

祖国的河山在人们的心中占据着至高无上的地位。祖国的山山水水滋养哺育着她的子子孙孙。"禾苗离土即死，国家无土难存。"祖国的大好河山，不只是自然风光，更是主权、财富、民族发展和进步的基本载体。因此，每一个爱国者都会把"爱我国土""爱我家乡"、维护祖国领土的完整和统一作为自己的神圣使命和义不容辞的责任。[①]对于教师来说，更要把热爱祖国大好河山的情感落实到行动中去。

第一，教师要爱护和保护我们的大好河山。目前大好河山出现了严重的问题：乱砍乱伐森林，污染河流、土地、空气，大量的动植物濒临灭绝，山清水秀、蓝天白云快要消失。教师必须敢于同那种为了眼前利益和小团体利益而肆意破坏环境的行为作斗争，同时自己也必须时刻注意爱护和保护我们的大好河山，从身边的小事做起，利用自身的影响力做好环保宣传。

第二，教师要维护国家主权和领土的完整。在反对分裂，维护祖国统一这个原则上，教师必须坚定自己的立场。

（2）教师要爱自己的骨肉同胞

我国是一个多民族的国家，中华民族是一个有56个民族组成的大家庭。在今天的历史环境下，爱自己的骨肉同胞，是指热爱整个中华民族大家庭中的所有成员，也就是爱人民群众。对人民群众感情的深浅程度，是检验一个人对祖国忠诚程度的试金石。爱自己的骨肉同胞，最主要的是培养对人民群众的深厚感情，紧紧地和人民群众站在一起。教师的工作也是为了人民的需要，造福于人民。只有热爱人民，教师的爱国主义精神才能代代相传。

第一，教师要坚持以学生为本。教师热爱人民首先要热爱自己的学生，学生就是教师最真切、最现实的"人民"。[②]教师要想学生所想，急学生所急，供学生所需，补学生所缺，扬学生所长，解学生所惑，克学生所难。

第二，教师要坚持为人民服务。教师热爱人民，一定要大力发扬服务人民的优良传统，始终视人民的利益高于一切，以实际行动赢得人民群众的拥护和爱戴。爱民可以在小事上体现，多做好事，多做善事，互相帮忙，互相鼓励，在生活的点点滴滴中都可以展示教师的爱国情怀。

（3）教师要爱祖国的灿烂文化

文化传统作为一个民族群体意识的载体，常被称为国家和民族的"胎

---

① 本书编写组. 思想道德修养与法律基础［M］. 北京：高等教育出版社，2013：39.
② http://club.jledu.gov.cn/?1834/viewspace-303221.

第三章 师德修养的践行路径

记",是培养民族心理、民族个性、民族精神的"摇篮",是民族凝聚力的基础。一个真正爱国的人不可能不以自己祖国的灿烂文化为荣。作为教师,更要热爱祖国的灿烂文化。因为教师承担着人类文化的传播这一使命。

第一,教师要充分了解祖国灿烂文化。通过学习了解,教师要认识到我们的中华灿烂文化不仅是中华民族的骄傲,更是全人类的瑰宝。教师要因祖国的灿烂文化而自豪、自信。

第二,教师要大力弘扬祖国灿烂文化。目前在西方文化冲撞的情况下,教师更要弘扬和宣传我们自己的文化,让她发扬光大,从而帮助学生树立正确的文化观,以警惕某些敌对势力和少数别有用心的人通过歪曲和否定我们的文化来达到其险恶目的和用心。

第三,教师要参与打造我国文化软实力。在当今国际间激烈的竞争中,文化越来越成为一种重要的力量,被人们称为"软实力",这是一个国家综合实力的重要组成部分。各个国家都在挖掘自己民族的文化资源,打文化牌,以此来提高本国在经济社会发展等方面的竞争力。①教师则应该充分利用自己的优势,在这一方面作出自己的贡献,把我国建设成为一个文化强国。

(4)教师要爱自己的国家

国家总是特定的、具体的,而不是抽象的,它不可能脱离一定的社会制度而存在。因此,在我国现阶段讲爱国,就必然要爱社会主义的中国。

第一,教师要做到把爱国与爱社会主义统一起来。尽管社会主义制度已经确立起来,但还很不完善,社会主义的优越性还没有充分发挥出来。在这种情况下,教师要坚定对社会主义制度的信心,充分认识到社会主义制度的优越性,坚定对中国特色社会主义道路的信念。

第二,教师要做到把爱国与爱中国共产党统一起来。当前我们讲爱国,就是热爱中国共产党领导下的社会主义新中国。没有共产党,就没有新中国,就没有社会主义革命和建设的胜利。教师要自觉地拥护中国共产党的领导,把个人的理想和事业融会于祖国社会主义现代化建设的伟大事业中。

2.立德树人要敬业

教师立德树人要敬业,这里的敬业是大概念,包括乐业、敬业、精业、奉业。

(1)教师要乐业

乐业,也就是我们常说的爱岗。教师坚持职业操守,爱岗敬业,首先体现

---

① http://wenku.baidu.com/link?url=-HL1CsWGiIwriiCz3XegChsfFs8qz3xcxloE2WmEGruymUxTGuxSnkl1jlttOj6OOgMPx8PE2bED7lRT9kIcEYy9iUq3qBz-0kxaQ6uKu7y.

社会主义核心价值观与师德修养

在热爱教育,忠诚于人民教育事业,志存高远上,即乐业。教师乐业,就是指教师认识到自己肩负的光荣而艰巨的使命,坚定为人民事业而献身的职业信念,并从热爱事业出发,进而对社会负责。正所谓"热爱是最好的教师"。

第一,教师要高度认同教师的职业和意义。教师的职业认同,是指教师对所从事的职业在内心认为它有价值、有意义,并能够从中找到乐趣。目前,在教师队伍中,有少数教师因种种原因或误入教师行业,或出于功利性目的选择了教师这一职业,这样的教师不可能爱岗敬业。因此,职业操守,首先要加强教师对自身职业的高度认同感,这样才能践行教书育人、立德树人的社会主义核心价值观。

第二,教师要有干一行爱一行的职业情感。教师的爱岗,就是热爱教育事业,具体体现为热爱工作和热爱学生。教师的劳动是艰辛的,教师所从事的事业意义是深远的,如果教师有了热爱本职工作的感情,就能在劳动的艰辛中体会到乐趣,从而忠于职守,为人民教育事业做出贡献。由于种种原因,很多人不能找到与自己兴趣相投的工作,但不能因为目前所从事的职业与我们的兴趣不合而失去敬业的态度,相反,这更需要教师在实践中培养起对教育事业的兴趣。也就是说,教师不仅要爱一行,干一行,更要干一行,爱一行。

(2)教师要敬业

"敬业者,专心致志事其业也。"1922年,著名教育家梁启超先生对上海中华职业学校的师生所作的《敬业与乐业》的演讲全面地阐释了敬业的内涵。敬业是当好一名教师的必要条件,一个不敬业的教师,知识再渊博,个人素质再好,也难以教出好的学生。

第一,教师要有对职业的高度责任感。教师作为知识的传授者和学生成长成才的指导者,其对工作的投入程度和努力程度,直接关乎教育事业的成败,关乎亿万青少年的发展。教育上的失误,不能像工人生产出来的废品一样报废重来,教育的失误往往是一辈子的。因此,这需要教师有高度的责任感。①在《中小学教师职业道德规范》中对教师有这样的规定:对工作高度负责,认真备课上课,认真批改作业,认真辅导学生。不得敷衍塞责。也就是说,教师就要尽自己应尽的教育义务,表现出高度的责任心和对得起职业、对得起学生的教育良心。

第二,教师做到学而不厌,从而诲人不倦。业精于勤荒于嬉,教师要勤业。勤业,就是勤奋地从事自己的工作,就是踏踏实实,勤勤恳恳,埋头苦

---

① http://3y.uu456.com/bp-967047a2d1f34693daef3ea2-3.html.

第三章 师德修养的践行路径

干,尽职尽责地做好本职工作。教师要以勤为本,要做到勤学、勤问、勤思、勤写,为敬业打下良好的基础。学校无小事,教育无小事。每一张教案,每一堂课,每一次作业,都需要去认真对待;学生上学、放学、课间活动,午间休息,都需要去密切关注;思想、心理、学习、身体、个性发展,都需要去全面关心。这一切,只有在勤奋者的耕耘之中才会领悟其中的精华所在。①

(3) 教师要精业

韩愈在《师说中》写道:"师者,所以传道,授业,解惑也"。教师要传道、授业、解惑,没有对专业知识的精通和广博的通用知识,是难以完成传道授业解惑这一任务的。

第一,教师要刻苦钻研业务,提高自身素质。一个国家、一个民族的教育水平的高低,取决于教师的水平。教师要刻苦钻研业务,提高科学文化素质,做到博学多识。如果教师具备了必要的专业技能,就能沉着、科学地应对学生成长中的问题,正确引导学生健康成长。国外有教育家说过:"为了使学生获得一点知识的亮光,教师应吸进整个光的海洋。"时代在发展,知识在更新,这就要求老师始终处于学习状态,站在知识发展前沿,刻苦钻研、严谨笃学,不断充实、拓展、提高自己。②常言道:学高为师,身正为范。教师天天与学生在一起,在耳濡目染,潜移默化中,教师的人格和学术水平、治学精神和业务知识能力,无疑对学生的影响是很大的。

第二,教师要勇于探索创新,提高教学质量。国家与国家之间的竞争主要是科学技术的竞争,科学技术的竞争实质是人才的竞争,而决定人才素质的关键主要是靠创造力。因此,在今后相当长的时间里,培养具有创新精神的人才是教育的主题。为了培养有创造力的学生,教师首先要具有创造力,是一名具有创新精神的教育者。让学生在教师言传身教,耳闻目睹的环境中逐渐成长为祖国需要的创新型人才。有的教师上课是仅仅满足于单纯按照书本上的知识点、按照参考教案,循规蹈矩地进行教学,这样的教学方式教出来的学生也必然循规蹈矩,墨守成规。因此,我们应鼓励教师们多"标新立异"、大胆发表不同的见解,敢于打破"常规",使自己成为富有社会责任感、创新精神和实践能力的高素质人才,为培养创新型人才作出贡献。

---

① http://www.diyifanwen.com/fanwen/xuexitihui/20101061523090992959357.htm.
② 习近平. 做党和人民满意的好老师——同北京师范大学师生代表座谈时的讲话 [N]. 人民日报,2014-09-10.

社会主义核心价值观与师德修养

（4）教师要奉业

奉献是敬业的最高境界。人生的价值不在于索取，而在于贡献。一个人，只有将个人价值和社会价值结合起来，生命价值才得以展现。所以，讲奉献是所有人的精神追求，更是教师的精神追求。

第一，教师要淡泊名利，甘于清贫。中华文明五千年，一直有着尊师重教的优良传统。当今社会人们常把教师比作蜡烛，燃烧自己照亮他人，说教师从事的是太阳底下最光辉的职业，说教师是辛勤的园丁等等。为什么会有这么多的盛誉？因为大家都认为教师这个职业讲的是奉献。教师的工作是清苦的，既无显赫的地位，也没有丰厚的物质待遇。正因为如此，才需要教师具备高尚的职业道德，不计个人得失，富于奉献精神。常言道："沽名钓誉、莫入校门，升官发财、莫当教师。"既然选择了太阳底下最光辉的职业——教师，理应敬业，奉献。

第二，教师要献身教育，甘为人梯。奉献不是一句空话。奉献，就是要从一点一滴的小事做起，在教师的岗位上恪尽职守，兢兢业业。教师劳动是一种艰苦而繁重的劳动，需要教师做出巨大的贡献，发扬奉献精神。这是教师职业道德的内在要求。一方面，教师劳动没有严格的时空界限，白天上课，课间辅导，夜晚还要备课、修改作业等，教师的劳动是全天候的。另一方面，教师劳动过程难以随处监督，这决定着教师的劳动在很大程度上是一本良心账。因此，教师的劳动，必须靠自觉，也主要靠自觉，不为名不为利，不计较个人得失，把培养下一代当成自己神圣的职责，才能产生崇高的道德情感，终生不渝地献身于这一事业。

3. 立德树人要诚信

教师的职业信誉和职业荣誉正是千百年来教师的诚信凝聚的结晶，是教师的诚信造就了教师的信誉和荣誉。可以说，诚信是教师教书育人的前提，诚信是教师安身立命之本。要教育学生诚信，教师必须率先垂范，身体力行。那么教师如何加强自身的诚信修养呢？

（1）诚信律己

对教师而言，一要言为心声。嘴里说的，应该是心里所想的，而不能言不由衷，口是心非。有的教师对学生说的是一套，自己在行动上又是一套。有的教师对学生说要实事求是，自己却弄虚作假。二要教师每时每刻都要注意自己言行的诚信。在校内，让学生感受到教师行为的一贯性。在校外，同样要保持和发扬诚信作风，处处以身作则，树立人类灵魂工程师诚信的良好形象。

第三章 师德修养的践行路径

（2）诚信待人

诚的基本含义也表现在不欺人，对他人，要开诚布公，无所隐瞒。孔子说，人而无信，不知其可也。也就是教师要以诚恳之心待人，否则无法在社会上立足。为人真实诚恳是教师应有的良好道德品质。

第一，教师对学生要真诚。每个学生都渴望教师能够诚心相待，推心置腹，而不是两面三刀，阳奉阴违。教师只有诚信待生，才能获得学生的信任。教师的诚信也是树立教师威信的基础。作为教师，更应该要诚心对待每一个学生，让学生时时体会到教师的真诚，这样学生就会向教师敞开心扉，以真诚回报教师。

第二，教师对同事、对他人也要真诚。教师只有真诚对待同事，相互间才能团结协作，互助互学，提高能力，增长知识；反之，教师在与同事交往中，不能做到诚信，而是相互猜忌，心口不一，那么，它所带来的后果是可想而知的。[①]教师在社会上对待他人时，同样也要真诚。在人与人相处中，一定要坦诚以待，这样人与人之间才能建立起友谊和信任。

（3）诚信处事

作为一名人民教师，要处处成为学生和他人的表率，首先要说话算数，说到做到。有承诺，就要兑现，不能朝令夕改。答应和许诺了学生和他人的事，一定要予以兑现，即使一时办不到，也要及时给对方说明，这样才能获得对方的理解。我们中华民族历来要求人们"内诚于心，外信于人"。下面看一个诚信的案例。

【案例】

女教师迟到罚俯卧撑，诚信是最好的"规矩"

最近，一张女老师在讲台上做俯卧撑的照片，在武昌工学院师生中热转。照片中的女教师名叫董雯娟，这位老师给班上订了班规，上课迟到几分钟，就罚做几个俯卧撑，而且师生平等、男女平等。当她因上班路上遇到交通事故，迟到20分钟的时候，她坚持在同学面前做了20个俯卧撑。

在常理看来，老师管学生是天经地义的，老师制定的各项规章制度也都是用来约束学生的，要求师生共同遵守这样的"规矩"，看起来有些新意。有人认为这样做会丢面子、有失尊严。但实际效果恰恰相反，自打董雯娟做了俯卧撑后，她的学生不仅几乎没有迟到的，而且连踩点进门的都极少，大

[①] 陈钢，张印斋. 讲诚信修师德［J］. 河北能源职业技术学院学报，2007（3）.

家看老师的目光中充满尊敬。(资料来源:江全:女教师迟到罚俯卧撑,诚信是最好的"规矩"

(资料来源:《楚天都市报》2015年4月17日)

从这个案例可以看出,老师教给学生做人的道理,比教给学生文化知识更重要,身教的意义大于言传。

(4)诚信奉职

诚信奉职,即将诚信贯穿于自己的职业领域、工作职责之中,无论从政、经商还是治学,都遵循诚信原则。对于教师而言,诚信一是表现在教学、学术方面的实事求是、精益求精。教师要有良好的学风,要"敏而好学,不耻下问",刻苦钻研,勇于创新,学习新理论、新知识,探索教育教学新规律;在强调素质教育、创新教育的今天,教师更要有良好的教风,要严谨治学、精益求精,要以实事求是的态度,以认真、耐心和踏实的作风教学。①二是教师应坚持学术诚信。在学术研究中做到不剽窃,不造假,坚持诚实守信的良好风尚,实实在在做研究,维护良好社会秩序。

4. 立德树人要友善

教师的友善,不仅能够接近师生间的距离,使师生更好地沟通达成共识,而且对于构建和睦融洽的人际关系也大有帮助。友善,是教师获得幸福的源泉。那么教师如何践行友善这一价值观呢?

(1)谦敬礼让

谦敬礼让是中华民族优良的道德传统。谦即自谦、虚以处己;敬即敬人,礼以待人。谦敬礼让,就是谦己尊人,不矜能,不伐善,戒骄戒矜,虚以处己,敬以待人,以友辅仁。②

第一,教师要在工作和生活中保持谦虚低调。要谦虚地向那些比自己优秀的人努力学习。面对道德高尚、品质优秀的人,要虚心学习,做到见贤思齐,即使面对学生也要谦虚。要学会尊重、赞扬和欣赏学生,调动起学生不断追求真理、积极向上的动力,做到教学相长。

第二,教师要自觉培养礼让的作风。教师要为人师表,必须学会礼让。一要注意自己的言行是否文明。文明是交流思想的窗口,是沟通感悟的桥梁。教师的文明程度反映了教师的道德修养,因此教师要自觉地树立文明的

---

① 陈钢、张印斋. 讲诚信修师德 [J]. 河北能源职业技术学院学报,2007 (3).
② 沈壮海. 友善:处理人际关系的基本准则 [J]. 湖北社会科学,2014年 (10).

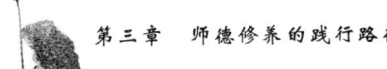

第三章　师德修养的践行路径

意识，不说脏话粗话，为学生做榜样。二要做到在利益面前要谦让，后天下之"利"而"利"，保持儒家"仁者爱人"的风度。

（2）宽厚待人

友善的精髓在宽容，我们常说，"己所不欲，勿施于人""躬自厚而薄责于人，则远怨矣"[①]。这句话的意思是说多责备自己而少责备别人，那就可以避免别人的怨恨了。宽厚待人是友善待人最难得的境界，尤其是在有利益冲突的情况下。教师若能坚持宽厚待人，就能厚德载物，从容不迫了。

第一，教师要学会理解他人。每个人都渴望得到别人的理解，同样也应该学会理解别人。大千世界五彩缤纷，在现实生活中，每个人的年龄、身份、地位、个性和家庭出身都不一样，人们对同一事情会有不同的看法、有着不同的理解。教师更要理解不同的观点、看法的存在。对学生理解尊重，对家人关心体贴，对邻里和睦相处，对朋友真诚理解，这样有助于教师形成一个和谐的育人氛围。

第二，教师要学会宽容他人。每个人都有自身的优点，也有自身的缺点。教师在和他人交往中，要宽容别人的过失和缺点，不求全责备。当自己的利益与他人利益发生矛盾时，教师不能斤斤计较；当遭到学生和他人误解时，教师要以宽广的胸怀看待这个问题。换句话说，只有心胸豁达才能容人，只有能平心容人，才能客观的评价他人、理解他人，与他人友好相处。这种胸怀体现的正是教师美好的精神境界。

（3）助人为乐

曾当选"感动中国"人物的十八大代表孔祥瑞说，友善就是"人与人之间应该倡导一种爱的循环"。但是在如今，却出现了道德冷漠，"老人倒地无人扶""小悦悦事件"等报道屡见不鲜，这些都是人与之间友善缺失所造成的。教师的职业操守要塑造成行业样板，需要教师发挥助人为乐的精神。

第一，教师要帮助他人。助人为乐是我国的传统美德，自古就有"君子成人之美"的格言。在生活中，每个人都会遇到困难和问题，总有需要他人帮助和关心的时候。因此要倡导助人为乐，这是人道主义的基本要求。教师要像雷锋学习，把帮助他人视为自己应做之事，看作自己的快乐。当学生、同事和其他人身处困境里，教师要及时伸出援手，赠人玫瑰，手有余香。

第二，教师要积极参与公益活动。公益活动是回报社会的行为，是为社会做一些力所能及的事，用自己的行动传递感恩的心。教师积极参与公益活

---

① 《论语·卫灵公》.

145

动,不仅可以帮助更多的人,让社会更加美好和谐,而且对学生有着一种无形的、潜移默化的作用,为立德树人做好榜样。教师通过公益活动,也可以加深自己对生活意义以及人生意义的理解,给别人带来快乐和幸福的同时,也给自己带来幸福感和高尚感。

以"爱国、敬业、诚信、友善"为新时期的职业操守,有助于教师在教育岗位上开拓创新,塑造师德新形象。践行社会主义核心价值观,是时代对教育寄以厚望,对教师赋予重任。教师要以国家、社会的大业为己任,珍视自己所承担的职责,坚持职业操守,乐于为之奉献自己的宝贵年华。

第二节 师德修养的外驱力
——形成长效机制

师德修养除了教师的自律外,同样需要他律。道德他律在道德修养过程中之所以具有意义是因为道德他律在一定的条件下能够转化为道德自律,并且,在道德主体具体的道德修养实践中,实际上都是离不开他律的环节。当道德自律尚处于萌芽或微弱阶段,用他律来唤醒、启动自律是道德修养实践的一个基本途径。因此,道德他律的重要意义不能被低估。教师职业道德作为人类一般道德的特殊形态,其修养所遵循的规律亦不例外。因而,师德修养的他律是师德修养的外在驱动力量,其形式多种多样,其中师德监督、师德考核和师德奖惩三者环环相扣,相辅相成,共同构成了师德修养的外在力量和长效机制。

一、建立师德监督机制,接受社会全面监督

中小学教师师德监督是中小学教师师德修养的首要他律形式,中小学教师师德修养往往从接受监督开始。教师将自己的教育教学行为的整个过程和各个方面全部置于监督之下,就为自身的师德修养打下了坚实的基础。同时,学校和教育行政部门建立并健全中小学教师师德监督机制,就为中小学教师师德修养提供了强大的保障。

(一)用社会主义核心价值观监督师德修养

在探讨用社会主义核心价值观监督师德修养之前,我们先看一个案例:

 第三章 师德修养的践行路径

【案例】

教师有偿补课　群众举报有奖

2014年暑假期间，江苏泰州靖江市新桥镇中心小学数学教师祝某某，在该镇农村集中居住地孝化村二区76号自家住宅收带11名小学生，辅导暑假作业，并提供午饭。靖江市教育局责令祝某某立即待岗，且不得参与各类评优评先、不得申报高一级职称、不得聘任高一级岗位。在这次针对中小学在职教师违规补课的专项治理中，泰州市教育局共查处通报了10起案件。

泰州市教育纪工委书记管文华说，虽然教育部门组织开展了专项治理活动，但仍有少数教师置三令五申于不顾，有禁不止，顶风违规，群众举报时有发生。管文华说，市教育局建立了人大代表、政协委员和学生家长代表参加的教育行风监督员和治理有偿补课社区观察员队伍，并主动邀请网络媒体参与监督，设立并公示有偿补课举报电话、举报邮箱，自觉接受社会各界的监督。

"凡举报在职教师从事有偿补课，经查实的，对举报人给予奖励。"管文华说，市教育局希望广大学生及家长对教师违规有偿补课等师德失范行为敢于说"不"，敢于拒绝，敢于实名举报，真正让有偿补课行为无市场。

（资料来源：中国江苏网2014年7月30日）

禁止组织或要求学生参加校内外有偿补课是教育部《中小学教师违反职业道德行为处理办法》明确规定的条款。各级教育行政部门治理中小学在职教师违规补课行为的决心和力度不可谓不大，但仍有少数教师心存侥幸、铤而走险。为了在最大程度上禁止教师违规有偿补课等师德失范行为，江苏省泰州市教育局高度重视社会监督的作用，通过建立包括广大群众和网络媒体在内的严密监督网络，对中小学教师的违规有偿补课行为开展"清剿"活动，这不失为一种防范师德失范的有效途径。

1. 借助监督推动师德修养

（1）师德监督的合理性依据

师德为什么要被监督，其被监督的合理性依据是什么？监督从本质上说是对权力的控制。孟德斯鸠曾经说过："一切有权力的人都容易滥用权力，这是万古不变的一条经验，有权力的人们会使用权力一直遇到有界限的地方

社会主义核心价值观与师德修养

才休止。"① 监督的基础和依据是责任，有权必有责，用权受监督，违法受追究，侵权须赔偿，是宪法和法治原则。就政治监督和法律监督而言，当公民将权利让渡和委托给政府及其官员，被委托的政府及其官员在拥有权力的同时也就被赋予了责任，也就必须接受监督。这就是法治政府的逻辑，也是监督制度建立的基础。教师虽然不属于国家公务员序列，但他们被法律赋予了教育权。教师的教育权来自教育机构的委派，是代表学校行使的权力，学校的教育权来自国家，国家的教育权又来自全体人民，是人民将这种权力委托给国家。因而，归根结底，教师的教育权来自人民，教师的教育权作为受人民委托的一种权力，它同样也是一种责任，必须接受监督。

与教育权相对应的受教育权是国家为保证人权而赋予公民的一项基本权利，保护受教育权也是国家的一项神圣责任。教育权是与受教育权相依托而存在的，从根本上说，教育权的存在是以受教育权的存在为其必要性前提的，没有受教育权的存在，教育权形同虚设。同时，教育权的滥用或不合理设定会导致侵害、限制或剥夺一定主体的受教育权。在教育活动的实践过程中，由于教育权的滥用而导致受教育权的侵害事件时有发生，诸如学生伤害、违规收费、教育受贿等，严重扰乱了教育教学秩序，损害了教育教学质量，威胁到国家教育方针、任务的贯彻和落实，危害到国家、民族的前途和命运。而教育权之所以被滥用，根本的原因在于教师职业道德的欠缺。师德是教师之魂，缺失师德的教师已经不是真正意义上的教师，缺失师德的教师非但不能承担起教书育人的使命，反而成为贻误、伤害受教育者的罪魁祸首。那些骇人听闻的教师伤害学生事件，虽然伤害的方式各不相同，但其背后的深层原因却是共同的，那就是"师德缺失"。下列曾被媒体披露的事件，让人震撼和心痛，难以相信这是教师对学生作出的残忍暴行。

【案例】

顶句嘴，老师怒将学生耳膜打穿孔

2013年1月2日，安徽省肥东某校15岁男孩小光（化名）因与班主任王某顶嘴，王某在气愤之下朝小光的左脸打了一耳光，致其左耳膜穿孔。而且，这不是他第一次挨打。2012年5月，小光还曾被另一名老师打了右耳朵，导致他右耳膜穿孔。

（资料来源：新浪网2013年4月24日）

---

① 孟德斯鸠. 论法的精神[M]. 张雁深译. 北京：商务印书馆，1961：154.

 第三章 师德修养的践行路径

"优秀"女教师竟在调皮学生脸上锥刺'贼'字

1999年10月7日,陕西华阴市黄河工程机械厂子弟学校女教师为"教育学生",竟用锥子强行在一学生脸上刺出一个"贼"字,并在伤口处涂上红墨水,企图留下"永久"的印记。更具讽刺意味的是,事发后,这名女教师竟作为1998年度的优秀教师前往青岛旅游。

(资料来源:《羊城晚报》1999年10月17日)

女教师强令50名学生轮流扇男孩耳光

2012年12月,陕西省安康市洪山镇九年制学校教师因学生小明"没有完成作业",不但自己打了小明,还让其他50名学生轮流扇小明耳光。

(资料来源:搜狐网2012年12月19日)

此外,还有男教师性侵女生事件、某些教师对学生的精神羞辱和人格伤害事件……所有这些恶性事件,都使"师德"成为被拷问的对象。优良的师德是教育之福,败坏的师德是教育之祸,师德作为教育活动中的关键因素,是合理行使教育权的前提和基础,因此,为防止教师对教育权的滥用,必须要对师德进行监督。

(2)师德监督的本质特征

中小学教师师德监督,就是用教育教学责任和义务来约束中小学教师不能违背职业道德规范。师德行为不仅是教师的义务,更是教师的当然责任。通过诸多监督途径及时准确地反馈教师履行职责的行为表现。中小学教师如果不能遵守最基本的教师职业道德规范,跨越教师职业道德底线,师德监督主体可随时启动师德监督制约机制做到早发现、早纠正和早处理。师德监督制约是师德建设系统的预防和预警机制。师德监督的本质特征有以下几种:第一,师德监督的纠偏性特征。监督的要义是"实然与应然之间的比较",一旦发现偏离,即通过或提醒、警示、督促,或督过、纠偏,或惩处、威慑,总之是对被监督者的"态度"和"行为"施加某种影响,从而保证师德在正常的轨道上行进并不断发展。第二,师德监督的质疑性特征。监督是以质疑为前提的,监督就意味着监督主体对监督客体存有疑虑、戒备,就是监督主体对客体不断提出质疑、质询、督促和进行纠偏的制约过程。如果监督主体对监督客体完全、充分信任,毫无疑虑,也就用不着监督了。第三,师德监督的外在性特征。监督是"从旁察看",对于被监督者来说,它是一种外在的力量。监督作为一种权力,是在现有的权力之外引入另一种权力来监察、督促、控制现有权力,具有权力之外的特征。就权力控制的效果而言,

社会主义核心价值观与师德修养

这种"异体监督"、外力推动对于保证监督的公正性和有效性是十分必要的。第四，监督的从属性和有限性特征。师德修养从根本上说是须得力于教师的内在修为，外在的监督只是起一种辅助性作用，况且，再完善的监督制度也不能全部无遗地察看到被监督者的所有行为，尤其是对师德修养起重要作用的内在动机，更是无法为外人所体察，所以，师德监督在师德修养上只是起从属作用，它的有限性十分明显。

（3）正确看待师德监督

师德监督对于被监督的教师个体来说，究竟是自由的限制、权利的侵犯还是蕴含着爱护的帮扶力量？这是一个需要澄清的重要问题，对这个问题认识不清，就难以对师德监督采取正确的态度，就会像上述案例中提到的长沙某中学的校领导和部分教师一样，对正常的监督行为进行打压、对监督者进行报复。

实际上，通过各种渠道对师德进行监督，非但不是对教师个体的自由限制和权利侵犯，而且是尊重教师、爱护教师，保障教师在健康的环境中进行师德的培育和发展。

首先，对师德的监督合乎法治社会对权力制约的法治逻辑。当我们都认为国家的立法权、行政权、司法权都需要监督是理所当然时，那么，教育权同样作为一种国家权力，对其进行监督，其理由并无二致。师德作为教师行使教育权的核心要素，将其置于监督之下，亦是顺理成章。因此，基于这样的理性认识，如果将师德监督视为对教师个体的自由限制和权利侵犯，实在是囿于其自身的自私褊狭，而缺失了法治精神。

其次，接受监督及时纠偏，可以起到防微杜渐的功效。人非圣贤，孰能无过。尤其在当今复杂的社会环境中，利益冲击和诱惑随时侵入人们的生活世界，很有可能因而突破师德的防线，使教师个体出现偶尔的师德失范现象或事件，在这种情况下，有一个健全的监督机制，这种失范现象或行为就可在最初的阶段或最轻微的状态下得到矫正，使一个小的缺口得到及时的弥补，既损害不大又获得了可贵的教益。从这种意义上说，监督是爱护，是帮助，是诤友。在现实生活中，我们痛心于监督机制的不健全导致许多干部小洞不补，大洞难补，在错误的泥淖中越陷越深，终至灭顶之灾的降临。因此，作为教师，应欢迎、感谢这种监督，把它当作除莠剂、啄木鸟，是健康成长环境的保护神。

最后，师德监督的内容都是一些对教师的基本要求，属于底线伦理的范围，这是所有获得教师资格从事教师职业的专业人员都应该遵守的行为准

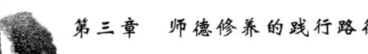
第三章 师德修养的践行路径

则,也是能够遵守的行为准则,因此,师德监督并没有对教师个体提出过分的、不切实际的要求。遵循这些要求,可以有效地使教师个体将自己的私欲控制在安全的阈内,而不致日渐膨胀,可以使教师个体拥有一个相对清净、纯洁的内心世界,从而有利于他们精进德业,提高业务水平。

可见,师德监督是教师个体的净友,它不是与教师作对,而是与教师的错误行为作对,是帮助教师个体纠正错误,希望教师不断进步和完善自身。作为中小学教师,要对师德监督持欢迎态度,并善于借助师德监督,不断锤炼自己,提升自己的师德修养水平。

2. 用社会主义核心价值观监督师德修养

社会主义核心价值观是科学的意识形态,它既具有合理性又具有凝聚性。它的合理性表现在社会主义核心价值观是与中国当前的客观物质条件相一致,它的凝聚性表现在社会主义核心观的高瞻远瞩性。这种意识形态一方面脚踏实地,另一方面,又如一盏指路明灯,指导现实,能够为当前时代条件下民众们的行为方式做出引导和调控,让民众们在纷繁复杂的社会中坚守底线,向善而生。社会主义核心价值观是社会凝聚力的来源,是制度设计、文化发展、政党决策、公民教育的价值依托,既通俗易懂又高屋建瓴,既言简意赅又全面翔实,既源于客观现实,又具有未来展望。

社会主义核心价值观是对全社会应当遵守的价值观的概括,从微观层面来说,它规定了所有职业、不同年龄的民众应当遵循的价值理念;从宏观层面来说,它从经济、政治、文化、社会等方面规定了一个国家良性运行所需要坚持的各种理念以及价值诉求,因而是具有普遍性的。中小学教师的师德修养应该以社会主义核心价值观为基础,中小学教师的师德内涵中,体现的应该是社会主义核心价值观的价值理念和价值诉求。在社会主义核心价值观中,任何一项核心价值要素都有其正向性与负向性,我们在追求正向价值的同时要抵制其负向价值。从监督的方面来说,基于监督本身的特性,我们重在对负向价值的克服和消除。比如说教师要公正,这是践行社会主义核心价值观对教师提出的基本要求,教师要追求公正,同时也要避免不公正,对于教师的不公正行为,通过监督能够起到一定的抑制作用。教师对学生的不公正,主要表现为不能对全体学生做到一视同仁,偏袒某些学生,歧视或忽视另一些学生,不能让每个学生都能得到他们应得的权利;教师对家长的不公正,表现在教师不能与家长进行正常的沟通,而是变成了对家长的训斥,或者从个人私利出发,对家长提出一些不合理的要求。教师对同事的不公正,表现在不能客观地评价同事的工作态度和业绩,从个人私交出发,予以

褒贬。

对师德的监督，促使每个教师都能守住社会主义核心价值观的底线，在教育部颁发的《中小学教师违反职业道德行为处理办法》的基础上，有些地方的教育行政部门对中小学教师师德监督的内容进行了细化，最有代表性的如山东潍坊市教育局列出了师德投诉必查内容30条：

①语言不文明，讽刺、挖苦、辱骂学生，侮辱学生人格，造成学生身心伤害的；

②体罚或变相体罚学生，指使或教唆学生体罚学生的；

③违背教育规律和学生成长规律，用错误言行区分学生，严重挫伤学生自尊心的；

④育人导师制中，由于方法不当导致所负责学生发生自杀、自残、违法犯罪等恶性事件的；

⑤对学生实施有偿补课、有偿家教、私自办班或在社会培训机构兼职的；

⑥向学生推荐培训机构，与培训机构合伙谋取私利，或为培训组织者招生提供便利的；

⑦无教学方案上课，或备课不认真、不完成教学任务的；

⑧无故不上课，或对学生作业有布置而无批改，严重不负责任耽误学生学业的；

⑨给学生布置惩罚性作业，或将学生罚站、赶出教室思过的；

⑩擅自停课、随意放假，或将有过错学生撵回家，擅自剥夺学生在校学习和参加活动权利的；

⑪公开排列学生成绩名次及按成绩排座次的；

⑫工作日期间不请假外出，无故迟到早退的；

⑬工作日午间饮酒，课堂内吸烟、使用通讯工具的；

⑭工作时间上网聊天、看视频、打扑克、玩游戏、炒股及其他与教学无关的网上浏览的；

⑮以各种形式或巧立名目向学生乱收费的；

⑯要求或变相要求学生家长为教师办私事的；

⑰向学生或家长索要或变相索要财物，接受学生及家长宴请、礼品或有其他谋利行为的；

⑱擅自向学生、家长推销书籍报刊、教辅资料或其他商品的；

⑲在给学生调位、安排学生干部、评先推优等过程中借机向学生或家长谋取私利的；

第三章 师德修养的践行路径

⑳在组织活动过程中，强行要求学生统一，增加学生家长经济负担的；

㉑非因教育子女需要，要求家长到校，或以电话、飞信等方式为难学生家长的；

㉒发生不正当男女关系、师生关系等有违社会公德行为，或参与赌博、色情活动的；

㉓传播、灌输有害学生身心健康的言论、思想，参与社会传销、邪教、封建迷信等有损国家和人民利益的组织或活动的；

㉔在考核、评优、晋级中，弄虚作假，剽窃他人成果的；

㉕故意散布有损学生、家长、同事及学校名誉言论的；

㉖无正当理由，不服从学校工作安排，或用不负责任的方式消极拒绝工作安排的；

㉗在学校、教育行政部门或其他机关、企事业单位闹事或寻衅滋事的；

㉘蓄意挑拨、煽动或组织教职工无理上访的；

㉙对处于困境的学生不积极施救，致使学生身心受到伤害的；

㉚玩忽职守，造成较大责任事故的。

(二) 建立师德监督机制，接受社会全面监督

师德监督对减少中小学师德失范行为、推动中小学师德修养无疑是具有积极意义的，在当前的师德建设中，建立师德监督机制作为师德建设的长效机制重要内容，受到了各教育单位的普遍重视，然而从师德监督机制的运行现状来看，还存在着一些不够完善的地方，需要通过改进得以进一步完善，从而为中小学教师师德修养提供更强大的外在帮扶力量。

1. 当前师德监督存在的问题[①]

(1) 监督失效

中小学师德行为的多样性和复杂性决定了监督主体的多元性，当前师德行为最主要和最直接的监督主体是学生、学生家长和学校，但三者的监督作用均存在一定的局限性。

①学生的监督软弱无力。因为大多数师德失范行为的直接受害者是学生，他们往往是事件的亲历者或见证者，所以学生是师德失范行为最重要的监督主体。但由于中小学生在教育活动中处于受教育者和被管理者的地位，同时他们在认知能力、行为能力等方面的不足以及诸如"听老师话的学生才是好学生"等传统思想的影响，在缺少成年人支持的情况下往往不敢或不能

---

① 张旦生. 中小学师德行为监督机制研究 [J]. 科教导刊，2015 (2) 下.

主动主张自己的权利,揭露师德失范行为,从而使一些师德失范者有恃无恐。如,近期媒体报道的一系列性侵未成年人的案件,其曝光都并非是受侵害孩子的主动行为,而是一些偶发原因。师德失范行为监督中,教师与学生事实上的不平等关系导致一些师德失范行为的信息难以主动传递给管理者,一些师德失范行为长期不能被发现。

②家长的监督力不从心。当前,家长参与学校教育的权利还没有明确的法律保障,实践中家长与学校的地位并不平等。某些家长为了自己子女的利益,给老师送礼,送购物卡等,这些行为助长了师德失范行为的发生和蔓延。一些家长迫于压力,即使发现教师存在师德失范行为,由于担心打击报复而选择隐忍不言,而不是投诉或举报。

③学校监督流于形式。学校负责人与教师同属于一个小集体,空间位置近,接触机会多,具有师德失范行为监督的便利条件。但同时他们也具有较大的利益关联性,导致学校负责人在履行监督职责时难免受人情关系、单位利益乃至自身利益的影响,监督行为难以实现,如,某些学校负责人出于自身利益或学校荣誉考虑,对本校发生的师德失范行为视而不见,或者推诿隐瞒。明知个别教师存在体罚或变相体罚学生等问题,不及时批评教育,不严格按制度进行处罚,即使在教育行政部门的责令下,也阳奉阴违,敷衍塞责,走过场。

(2)惩处的随意性

在师德失范行为的惩处方面,由于缺少统一的标准和程序,学校和教育行政部门往往临时应对,每一起案例的处理都由学校或教育行政部门"自由裁量",具有较大的主观性和随意性。当处理结果会给学校带来利益上的损失,或使学校面临更大的困难时,缺乏岗位责任意识或这种意识不强的学校负责人为了维护局部的乃至个体的利益,就可能会从轻甚至包庇纵容相关教师的师德失范行为,致使师德行为失范的低成本和低风险。

综上所述,由于监督不力和惩处的随意性而导致的师德失范行为的低成本低风险是师德失范行为频发的重要原因之一,需要建立一套行之有效的监督机制。

2. 师德监督机制的建立途径[①]

(1)监督机制的合法性基础

《中华人民共和国教师法》第八条规定了教师遵守职业道德的法定义务。

---

① 张旦生. 中小学师德行为监督机制研究[J]. 科教导刊, 2015 (2) 下.

第三章 师德修养的践行路径

《教师资格条例》《关于建立健全中小学师德建设长效机制的意见》《中小学教师职业道德规范》《中小学教师违反职业道德行为处理办法》等教育法律法规为中小学师德行为监督机制的建构提供了制度保障,是监督机制的合法性基础。

（2）监督体系的构成

监督系统包括监督主体、监督对象和监督内容三个组成部分。

监督主体是指从事监督活动的人或组织,即由谁来监督、谁享有监督的权力。中小学师德行为监督的主体包括学生、家长、学校、社会公众、教育行政部门等。在这些监督主体中,只有学校和教育行政部门既有监督权,又有管理权,而其他主体只有监督权。因此其他监督主体作用的发挥一定程度上依赖于学校和教育行政部门。但学校与教师之间有较多的利益关联,因此,师德行为监督应以教育行政部门为主导。教育行政部门内部应成立专门的师德行为监督机构,负责法律法规宣传、制定应急预案和监管规划,开展日常巡视和师德失范行为的处理。有步骤有计划地开展师德失范行为监管工作。

监督对象。按照《中小学教师违反职业道德行为处理办法》第二条的规定,师德失范行为的监督对象包括幼儿园、特殊教育机构、普通中小学、中等职业学校、少年宫以及地方教研室、电化教育机构的教师,包括民办学校教师。

监督内容是指监督主体需要对教师的哪些行为进行监督。《中小学教师违反职业道德行为处理办法》第四条在梳理现行教育法律法规和《中小学教师职业道德规范》有关规定的基础上,明确列举九种违反师德行为需要加以处理。

（3）监督机制的运行

①运行过程

中小学师德行为监督体系以教育行政部门为主导。教育行政部门负责法律法规的宣传,使监督主体了解自己在师德行为监督中的权利和义务。当师德失范行为发生,监督主体向教育行政部门投诉或举报,教育行政部门接到投诉或举报后,根据事件的性质和严重程度,协同学校负责人或责成学校负责人开展调查,随后提出处理建议（《中小学教师违反职业道德行为处理办法》规定:警告和记过处分,公办学校教师由所在学校提出建议,教育行政部门决定。民办学校教师由所在学校提出建议,报主管教育部门备案）。教育行政部门根据建议对教师做出处理决定。教师不服处理决定的,可以向教

社会主义核心价值观与师德修养

育行政部门申请复核。对复核结果不服的，可以向教育行政部门的上一级行政部门提出申诉。

②有效运行的保证

第一，加强法律法规宣传，使监督主体了解自己的权利和实现权利的途径。当前，对监督主体进行法律法规宣传的任务主要由学校和教师来完成，由监督对象引导监督主体对自己实施监督，通常情况下难以实现。学校和教师往往更加注重引导学生履行义务，遵守校纪校规、尊敬师长等等，忽视或故意淡化学生的维权意识（尤其是对学校和教师监督）教育。教育行政部门应该承担起对监督主体进行维权意识教育和宣传的责任。如通过宣传手册、宣讲视频等方式明确告知监督主体享有的权利和实现权利的途径，同时通过向社会公布一些师德失范行为的处理结果，一方面对其他教师起到警示作用，另一方面引导监督主体正确维权，同时有利于全社会了解教师职业的特殊性，为教师创造依法执教的社会环境。

第二，畅通投诉和举报渠道。投诉和举报是向教育行政部门反馈师德行为信息的主要途径。如果渠道不畅，师德失范行为的舆情就会受阻，监督也就失去了意义，整个机制也会失灵。教育行政部门应该向社会公布投诉和举报的途径和程序。最先投诉或举报到哪里，哪里应该无条件地受理，帮助解决问题。对于不合理和不合法的问题，予以认真的、负责任的说明解释，让每一起投诉或举报都有回音。

【案例】

潍坊市教育局在全国率先建立了教育惠民服务中心

山东省潍坊市教育局在全国率先建立了教育惠民服务中心，实行一个大厅办理、一站服务到位，搭建起政府部门与人民群众零距离接触的服务平台。教育惠民服务中心配备21名工作人员，下设校企合作、社会培训、家庭教育、出国留学、咨询与投诉、学生资助管理、校友资源开发等七个分中心，设立14台网上咨询电脑，6台连接呼叫中心，配备6部热线电话同时接听处理来自社会各界的咨询服务。只要涉及教育方面的咨询和需求，无论是电话咨询、现场咨询还是网上查询，均可在服务中心得到满意答复和解决。

（资料来源：《齐鲁晚报》2013年2月20日）

又如，南京市建立校务委员会，辅助校长进行学校管理。校务委员会的委员由学校领导、教师、家长和社区的代表以及法律工作者、专家学者、社

第三章　师德修养的践行路径

会知名人士等人员担任。其中家长和社会方面的代表人数占委员会总数的2/3以上。校务委员会实行工作例会制度，每学期至少召开两次例会，会议除了通报学校办学、管理情况外，重点就是审议有关学生管理、发展的相关事项。让学生家长和其他社会相关人士参与、监督学校的管理，畅通了学校与社会之间的信息渠道，对师德监督工作极为有利。

第三，及时惩处师德失范行为。失范行为由教育行政部门处理而不是由学校直接处理可能存在的弊端是时效性差，成本高。教育行政部门应该明确规定投诉和举报的处理时限，及时惩处师德失范行为，一方面，让师德失范者付出应有的代价，使其他教师能够预先了解师德失范行为可能带来的不利后果，从而抵御诱惑，遵守职业道德；另一方面，对危害严重、影响恶劣者，及时清除出教师队伍，切实维护学生的合法权益。《中小学教师违反职业道德行为处理办法》第十一条规定：学校及教育行政部门拒不处分、拖延处分或者推诿隐瞒造成不良影响或者严重后果的，上一级行政部门应当追究有关领导责任。

第四，监督机制不能损害教师的合法权益。在实践中，我们首先应该注意区分道德行为和非道德行为，教师的教学行为等非道德行为不在监督之列。其次，在道德行为中，我们应该注意区分职业道德行为（即师德行为）与非职业道德行为，非职业道德行为在监督之列。应该防止监督范围扩大化或借监督之名损害教师的合法权益。如果监督机制的运行损害了教师的合法权益，必然遭到教师的排斥和抵制，对其有效性的发挥必然产生负面影响。

二、完善师德考核机制，考出改进工作方向

在探讨如何完善师德考核机制之前，我们先看一个案例：

【案例】

师德咋考评　各方来听证

2013年2月19日，山东省潍坊市教育局举行了潍坊市中小学师德考评制度建设听证会，来自全市的15名学生、家长、老师、校长代表对修订版"师德考核意见"进行听证。这15名代表中，3名为校长代表，6名教师代表，另外还有来自3个学段的3名学生家长代表，初中、高中学校的两名学生代表和代表社会人士的一名法律工作者。这些代表都是由各县市区根据条件集中推荐的，他们都提前一天拿到了要听证的文件，并在所代表的群体中展开了前期论证和意见收集。

潍坊师德考核办法自 2011 年启用后,在具体实施中发现需要改进和完善的地方。此次完善修订的师德考核意见将继续完善师德考核的比例及确定方法,并对部分内容进行调整。而在听证现场,参与论证的代表们代表各自的利益,进行论证。

作为民主管理的听证制度如今已经在物价和司法等领域广泛实施,但在社会公共事业管理领域,类似于听证的协商式管理模式还是比较鲜见。与传统的听证会不同的是,这次听证会,潍坊市教育局并没有亲自组织,而是委托了代表社会公共利益的第三方机构——潍坊创新教育政策研究院具体组织实施,潍坊市教育局相关人员则直接退到了听证席位的最后方。而经过各个代表论证及讨论之后,现场的速录人员都进行了原汁原味的速录,这些意见都将成为文件修改完善的重要依据。

(资料来源:《齐鲁晚报》2013 年 2 月 20 日)

师德考核的重点和难点都在于如何做到考核的客观和公正,有些学校的师德考核之所以流于形式,起不到考核应有的促进作用,关键在于做不到考核的客观与公正。山东潍坊教育局将听证制度引入教育管理领域,将师德考核的标准交由利益相关方进行充分的探讨和论证,这对提高和保障师德考核的客观公正性是有重要意义的,也是一种大胆、有益的师德建设机制上的创新,值得仿效。

(一)用社会主义核心价值观考核师德修养

1. 借助考核推动师德修养

师德考核是指用一定标准来对教师的职业道德状况作出衡量与评价,通过全面、系统、科学、公正的评估,以促进教师自觉进行师德修养,从而提高教师的师德水平。师德考核将师德修养纳入制度的轨道中予以切实的保障。师德考核作为一项对教师师德动态状况的管理活动,是有目标、有计划、有程序地提升师德修养水平的过程。在缺乏管理的自在状态中,每个教师的师德修养从总体上看是分散的、零碎的,甚至在一定程度上是自发的。这样的师德修养状态既缺乏强劲的自律力量,也不存在有力的他律促动,因此,一旦当社会负面影响对学校教师的价值信念造成侵蚀的时候,处于自发的、脆弱的师德就会被击倒,从而出现诸多的师德问题,严重影响教育教学质量,损害教育教学风气,败坏教师的良好社会形象。师德考核针对有可能失序的师德状态,设立师德规范,并以之为标准,采取与教师切身利益挂钩的方式,约束教师的行为走向既定的目标,至少不能越出底线。师德考核将

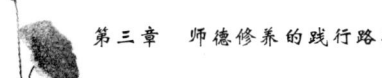
第三章　师德修养的践行路径

自发的师德修养状态激发为自觉的状态，将零散的师德规范整合成一个全面、系统的整体，将原则性、理想性的规范具体化、可操作化，更为重要的是，师德考核与教师切身利益捆绑，使师德修养处在了一种被推动的周围环境中，从而对教师的师德行为作出有效的调整。

2. 用社会主义核心价值观考核师德修养

当前，我国中小学师德考核的内容和标准主要基于教育部颁发的《中小学教师职业道德规范》（2008年修订）。它是《教师法》相关条文的具体化，有六条内容，即爱国守法、爱岗敬业、关爱学生、教书育人、为人师表、终身学习。仔细分析这六条内容，我们发现"中小学教师职业道德规范"与社会主义核心价值观高度契合。仅从用词来看，在词语表述上，社会主义核心价值观的12个词，有5个词出现在"中小学教师职业道德规范"中。分别是：第1条中的"爱国"，第2条中的"敬业"，第3条中的"平等"、"公正"，第5条中的"文明"。其余7个词虽然没有直接出现在"中小学教师职业道德规范"中，但"中小学教师职业道德规范"中的一些表述与这些词的含义有些是吻合的、有些是涵摄的。比如，第1条中的"守法"，与社会主义核心价值观中的"法治"是吻合的。"忠诚于人民教育事业"、"关心全体学生"、"关心集体，团结协作，尊重同事，尊重家长"，必定是"诚信"、"友善"、"和谐"的，这些价值观的涵摄其中是明显的。相对而言，"富强"、"自由"、"民主"这三项社会主义核心价值观在"中小学教师职业道德规范"体现得不是很明显的，但只要作必要的推断，也可以从中看出这种涵摄关系。比如说，教师培养德才兼备的学生，其主要目的就是为国家输送社会主义事业的建设者和接班人，建设一个富强的中国，屹立于世界民族之林。"促进学生全面发展"的前提必定是给予学生自由，让学生自主地学习，而不是成为被老师填鸭的读书机器。"尊重学生人格""做学生良师益友"，这样的教师在教育教学中必定是讲求民主的，而不是独断专行的。

通过以上的比对和分析可以看出，《中小学教师职业道德规范》的内容包含了社会主义核心价值观的内容，换言之，社会主义核心价值观中的价值理念和价值诉求在《中小学教师职业道德规范》中都完整无缺地具备了。这一理论现象其实也很好解释，因为教师的职业道德原本就处于一个社会整体道德的标杆位置，它代表和体现了一个社会的最高道德标准。而社会主义核心价值观作为对社会主义社会全体成员的普遍要求，它的要求不可能提得太高，其功能之一在于守住社会道德的底线。因此，中小学教师师德必然是要包含社会主义核心价值观并在一定程度上有所超越。这样说，是否就表明社会主义核心价值观对于中小学教师师德修养缺乏必要的意义呢？显然不是。社会主义核心价值观是对社会主义核心价值体系的凝练，它是对我国当前及未来相当长一段时间的价值引领，因此，它是一面号召的旗帜，指路的明灯。《中小学教师职业道德规范》中虽然涵摄了社会主义核心价值观的全部内容，但并没有将这部分内容全都强调、凸显出来，相反，有些部分还属一种隐含状态。将《中小学教师职业道德规范》与社会主义核心价值观进行对接，可以更清楚地看出哪些方面应该在中小学师德中得到强化。

当前，全国各地的中小学师德教育、监督、考核、奖惩等，都是以教育部《中小学教师职业道德规范》为母本，在此基础上深化、细化和实化。这当然是正确的，是应当坚持的，但在党的十八大提出社会主义核心价值观的具体、明确的内容之后，就应该将社会主义核心价值观在中小学师德修养中凸显出来。

用社会主义核心价值观考核师德修养，就是要以社会主义核心价值观为标准，来衡量中小学教师的师德行为，评估中小学教师践行社会主义核心价值观的状况和水平，通过信息反馈机制，调节并促进中小学教师践行社会主义核心价值观的自觉性和水平。社会主义核心价值观具有普遍性，不同的社会成员，由于职业性质的不同，其在践行社会主义核心价值观的实践过程中会有自身的特殊性，对于教师这个职业群体，他们在践行社会主义核心价值观的实践过程中，会展现出特定的内涵。用社会主义核心价值观考核师德修养，应该体现出这种内涵。社会主义核心价值观，即富强、民主、文明、和谐，自由、平等、公正、法治，爱国、敬业、诚信、友善；对于中小学教师来说，各具意蕴。

教师践行"富强"价值，在具体方式上与直接从事物质生产的工农阶层是不同的，教师是以"生产合格劳动者"的身份加入到社会物质生产者行列中来的，因此，考核教师践行"富强"这一价值要素，衡量的依据应该是教育教学质量，即在人才培养上的成效。

教师践行"民主"价值，主要体现在两个方面，一是教学行为上的民主，二是参与学校管理和监督上的民主。就教学行为上的民主而言，应从如下几个方面进行考核：（1）尊重学生的独立人格。诸如，教师的教姿教态要得体，保护学生的隐私权，用商量、研讨的语气与学生进行平等交流。（2）尊重学生的话语权。诸如，教师在课堂上尽量多的给予学生说话的机会，让大多数学生有表达的机会，教师要愿意倾听学生的说话。（3）尊重学生学习的主体性。诸如，教师多鼓励学生质疑，对于学生提出的不同于教师问题解

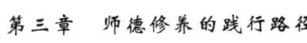

第三章 师德修养的践行路径

决的方法时，教师要尊重学生的想法，发挥学生的创造性。(4)面向全体学生，关注个别差异。诸如，教师要促使每个学生都参与到学习活动中，根据学生的差异性制定出有效的教学方案。(5)合理地分配教育资源。诸如，对于课堂上任何学生的提问，教师都能做出回答，在进行小组活动时，教师分发给每个小组的资源相同，使每个学生能够享受到自己应得的教育资源。(6)给予学生客观的评价。诸如，根据学生的自我评价或学生间的互评，以及学生平时的表现，给予客观公正的评价。

教师践行"文明"价值，主要体现在穿着打扮、言行举止、待人接物方面。诸如，衣着整洁端正、语言规范、坐得端庄、走得从容、体态雍容娴雅、工作严谨、作风检点、待人以礼。

教师践行"和谐"价值，主要体现在教师在处理三种关系上的和谐，即与自己的关系、与他人（社会）的关系、与自然界的关系。诸如，在与自己的关系上，节制有度，内心安详；在与他人（社会）的关系上，谦让有礼，相处和睦；在与自然界的关系上，爱护环境，天人和谐。

教师践行"自由"价值，在教学上要发挥自己的主体性，展现自己的教学个性。诸如，在教学方法、教学模式、课堂管理以及师生交往过程等方面，教师在自我分析的基础上，以自己为对象进行自我设计、自我创造，彰显自己的教学个性。

教师践行"平等"价值，主要体现在教师构建平等的师生关系。师生在人格上是平等的，教师视学生为具有独立价值的主体。教师尊重学生，不强迫对方服从和接受；教师认可学生，接受对方合理的思想观点；教师信任学生，在情感上认同对方。

教师践行"公正"价值，在对待学生上，要做到：(1)平等地对待学生；(2)爱无差等，一视同仁；(3)实事求是，赏罚分明；(4)直面差异，因材施教；(5)面向全体，点面结合。

教师践行"法治"价值，体现在教师知法、懂法、遵法、守法、用法、护法等方面。教师要学习和遵守《宪法》《民法》《刑法》等根本法和基本法，教师更应该自觉遵守与教师职业行为有关的法律法规。当前与教师职业行为有关的法律法规有《教育法》《教师法》《义务教育法》《职业教育法》《高等教育法》《未成年人保护法》。教师在日常教学工作中能做到善于用法，即应用法律法规指导自己的教学工作、学生工作、学校工作等具体事务。

教师践行"爱国"价值，就是要树立社会主义理想信念，了解国情，提高业务水平，做好教书育人工作，为国家建设提供人才保障。吸收国外先进

知识,为祖国所用。

教师践行"敬业"价值,主要体现在教学、育人和素养方面。在教学上,教师备课认真,讲课内容充实,有拓展,讲课认真,耐心答疑,按时认真批改作业,授课逻辑清晰,重点突出,不因个人私事影响上课,善于总结教学经验。在育人上,全面关心学生,尊重理解学生,经常与学生沟通、交流,师生关系融洽。在素养上,认真负责,事业心强,严于律己,知识储备丰富、扎实。

教师践行"诚信"价值,就是要说真话,干真事,做真人。教师说真话,不说假话、空话、大话,确保传达信息的真实性,确保所传授知识的科学性、准确性。教师言行一致,说真话,办实事,不弄虚作假。教师人前人后、事前事后一个样,不当面一套、背后一套。

教师践行"友善"价值,与人为善,敬重领导,团结同事,爱护学生,尊重学生家长,与陌生人交往要诚实守信,有礼有节。

用社会主义核心价值观考核师德修养,要以定性考核为主,定量考核为辅。要自评与他评相结合,自评时,要实事求是,准确评估。

(二)完善师德考核机制,考出改进工作方向

1. 当前师德考核存在的问题①

目前,全国各地各级各类学校普遍实施了师德考核制度,师德考核制度的实施,对促进教师师德水平的提高起到了积极的作用,然而,师德考核是一项十分复杂的工作,如何做到客观、公正地评价每个教师的师德真实状况,是一个考验教育教学管理工作者责任心和能力的棘手问题。通过对各地一些中小学师德考核的方案及其实施状况的考察,发现当前中小学师德考核尚存在一些亟待改进的问题。下面就从考核主体、考核内容、考核过程及方法、考核结果运用几个方面进行考察,以期通过问题的发现来反思策略的改进。

(1)师德考核:谁考核谁

考核主体是指主导考核活动的人或团体,考核客体是指被考核的人。《中华人民共和国教师法》(以下简称《教师法》)第二十二条规定:"学校或者其他教育机构应当对教师的政治思想、业务水平、工作态度和工作成绩进行考核。"

"学校或者其他教育机构"是教师考核主体,显然是以校内考核为主。

---

① 周冬梅. 师德考核问题及策略——基于政策文本的分析［J］. 当代教育科学,2014(3).

第三章 师德修养的践行路径

这里有几个问题需要深入思考：

①考核主体的构成。从学理上讲，教育服务的提供者与享受者或利益相关者都应该成为考核的主体。也就是说，考核主体理应包括教育服务的提供者、学校教育者、教育服务的享受者或利益相关者，即学生、家长、社会、国家。《教师法》中提到的考核主体是"学校或其他教育机构"，显然强调了教育服务提供者，而忽视了教育服务的享受者或利益相关者。考核的主体无疑过于单一。

②学校内部考核主体与客体构成。《教师法》提出由学校或其他教育机构来考核，强调学校的主体作用。那么学校内部的考核主体应该是谁？从各级地方政府有关文件来看，学校内部考核主体涵盖了学校领导、教师自己、教师同行（学科组和年级组）、学生。一些地方的考核文件只包含以上中的若干项，没有完全涵盖。谁是学校内部的考核客体？《教师法》里面的教师指的是考核客体，主体和客体之间，存在以下问题需要认真进行分析。

第一，学校领导是否是考核对象？某市文件中提及，"学校要成立考核小组，负责本校师德考核工作的组织和实施，考核小组成员由学校领导、相关部门负责人以及教师代表组成。其中教师代表需民主推荐，人数不少于考核小组成员的50%"（《承德市中小学教师师德考核办法》）。考核小组中的校长及其他领导是否也像普通教师一样接受其他主体的考核？这一点从各地文件来看，鲜有发现。学校领导作为教育者大部分都是考核主体，而非考核客体，他们的师德由谁来考核和监督？若学校领导自身缺乏考核和监督很容易滋生师德失范，例如"校长与六名小学女生开房"事件就是典型。

第二，教师既是考核主体又是考核客体，在考核中各有利弊。教师考核包括教师对自己对同行的考核。自我考核的优点是：教师本人对自己最了解，自我考核有利于考核信息的全面性；自我考核的信息可以为结果的反馈提供一定的参考依据；有利于提高教师工作的积极性，促进教师自我提升。自我考核的缺点是：缺乏公正性和客观性。在考核中，教师往往高估自己的师德水平，掩饰师德的不足。

教师同行互相考核，包括年级组或学科组的教师互相考核。优点是：因相互之间了解较多，有利于考核结果的全面性和真实性；有利于促进团队合作，培养团队精神；有利于相互监督。缺点是：考核结果不能避免人缘因素或文人相轻的主观性干扰；若相互间存在竞争关系，这种考核会导致同事之间关系紧张。

第三，学生作为考核主体的特点。学校内部考核主体除了教育提供者的

社会主义核心价值观与师德修养

考核外，必须有来自教育服务对象的考核，这样考核的结果才能全面和客观。学生是教育服务的最直接的利益相关者，在考核中扮演了局外人的角色。优点是：通过学生对师德满意度的提高来强化教师服务的理念；在考核时，学生受干扰越小，考核相对公正。缺点是：一方面要考虑学生的年龄和心理因素。小学低年级的学生年龄小，其考核能力不成熟。另一方面，考核时需考虑学生所占的权重，若权重过高，一些教师为取得高分数一味讨好学生，容易放松对学生的严格要求，不利于学生健康成长。

第四，学校外部考核主体：家长及社会舆论。家长是学校外部重要的考核主体，地方文件中大多都重视家长的参与，将其作为单独主体之一与学生并列，或者将学生与家长合二为一。家长考核的优点是：作为局外人的角色，比学生更为成熟，考核时能够提供比较客观、全面的师德信息。缺点是：对师德考核的目标和教师工作了解不多，容易从自身利益出发，不利于考核结果的公正；容易受主观情感的影响，例如根据教师与自己关系好坏进行评价。

社会舆论是师德考核的另一主体，是人们依据一定的道德标准，对教育生活中的师德现象、事件或行为所发表的带有倾向性的意见。正式的社会舆论通过国家组织、新闻媒体的途径表现出来，如"全国十大师德标兵""最美乡村教师"等等；非正式的社会舆论是通过人们自发形成的小范围的意见，对师德考核具有一定的参考作用。

（2）考核内容与标准：宽泛与模糊

第一，师德内容宽泛，比重失调。

师德考核内容和标准的重要依据是《中小学教师职业道德规范》（2008年修订）。我国各级地方政府出台的师德考核内容大都是在这个框架内，因此分析源头文件，可以发现目前师德内容存在的许多问题。师德内容涉及这几种基本关系：教师与教育事业的关系，教师与学生的关系，教师与个人发展的关系。大多数条文都杂糅了多种关系，显得过于笼统，欠缺条理性，并有将师德泛化之嫌。

第二，内容表述层次不清晰。

道德内容可分为道德理想、道德原则、道德规则三个层次。道德理想是至善的道德境界；道德原则是在一般情况下必须遵守、特殊情况下可以变通的道德要求；道德规则是强制执行的必须遵守的道德要求。师德规范的内容多处于理想和原则层次，规则层次的内容太少。师德理想和原则没有具体化到规则层面，以致在考核中缺乏客观性和可操作性。

 第三章 师德修养的践行路径

第三，师德考核标准粗糙简单。

在考核师德时，必须依据一定的标准，否则考核会陷入困境，流于形式。确定考核标准即是用什么去衡量师德的问题，区分何种行为是善，何种行为是恶；何种行为应褒奖，何种行为该谴责。受源头文件的影响，各地方政府师德考核标准存在粗糙简单的问题，只对师德要素进行简单赋值，而不分等级。师德考核是要区分不同层次的，因此考核标准应具有不同的等级，应具有良好的区分度。但一些地方政府出台的考核标准没有划分具体、明确的等级。如《某市中小学教师职业道德考核测评标准》第六条："尊重家长（10分）：1. 坚持家访，定期向家长通报学校教育要求和学生在校情况，认真听取意见和建议，取得支持和配合。2. 积极向家长宣传科学的教育理念和方法。3. 尊重学生家长的人格，平等对待每一位家长，不训斥、指责学生家长，不向家长布置作业。"尊重家长这一标准，具体有三个指标来阐述，每个指标优、中、差的具体表现是什么？如何赋值？均没有体现出来。

第四，考核标准表达模糊，可操作性差。以上面某市的标准为例，"定期"，表达不具体，多少频率才算定期？每学年一次，每星期一次？江苏省"用正确的理论和观点教育学生"，"正确"的标准容易产生分歧。总体来说，这些考核标准可操作性欠佳。缺乏具体明确的语言表述，考核结果难免受主观感情因素影响。

（3）师德考核程序简略

师德考核程序作为旨在形成某种师德判断的考核实施过程、步骤和程式，应当使人感受到过程的公平性和合理性，即要符合程序正义的原则。对此，国家相关文件对师德考核程序没有做具体规定，但各级地方文件对于考核程序有着比较具体的描述，例如，《某市中小学教师职业道德考核办法》规定的考核程序：成立考核小组、制定考核细则及评分标准、组织评议、确定等次、公示（公示无异议后确定等次，并以适当方式公布）。总体上看，各地方的师德考核程序存在以下问题：

①没有规定考核程序，只规定了考核内容。

②缺少考核指标的沟通环节。考核标准由谁来制定？教师作为被考核对象，能否参与制定考核指标？考核指标确定后，能否在考核中根据实际情况进行调整？在地方各级文件中鲜有提及，但无疑这种标准制定模式在执行中遇到的阻力是最小的。

③缺乏申诉环节

师德考核结果对教师的利益可能会产生重大影响，因此，当有教师对考

核结果有异议时，可提出申诉，由考核小组调解仲裁，以达到最终的客观公正。但许多地方政府出台的文件中，缺少这一环节。

④缺乏反馈环节

考核的最终目的是为了监督教师遵守师德规范，激励教师提高师德水平，这一目的可通过反馈环节来实现。例如《安徽省中职中小学教师职业道德考核办法》明确规定："学校考核小组应向每一位被考核教师反馈考核评价意见。"但也可以发现，许多其他地方各级文件中，考核程序止步于将结果公示，缺乏反馈环节。

（4）考核方法单一

确定师德考核方法是技术性很强的工作，选择何种方法能确保考核结果的公正客观？依据品德的特点"外显行为与内在德性的统一，是自觉行为与习惯行为的自然统一"，外在的、习惯的行为是可以观察，可以量化的，那么师德可以依据其外显行为、习惯行为进行量化考核，而其"内在""自觉"可以进行定性考核，换句话说，定量方法和定性方法相结合，以此保证考核结果的公正和客观。

从各级地方出台的师德考核文件中可以发现，目前广泛使用的考核方法是主观量表测评法。它是根据设计的师德等级测评量表对师德进行测评的一种方法，具体做法是，先设计出师德等级量表，列出需要考核的师德因素，再根据被考核者的真实情况对照每一个师德因素，对教师进行打分，然后根据分数的大小转换成不同的等级，例如 90—100 分为优秀；70—89 分为合格；60—69 分为基本合格；60 分以下为不合格。以某市的师德考核量表中的一部分为例，可以发现以下问题：

①量化指标缺乏明确定义

例如，"自觉遵守""全面贯彻"没有达到可以有效衡量的程度，"过重课业负担"标准没有明确的定义，可以想见这样的量化指标可操作性差，主观随意性强，会影响考核结果的客观性和公正性。

②量化指标口号迹象明显，缺乏逻辑关联，将依法执教解释为遵守《教师法》等法律法规无可非议，路线、方针应属于政策范畴，而非法律范畴；树立正确的世界观、人生观和价值观属于教师思想范畴，与依法执教指标似乎没有关联。从整体上看，量化指标口号化迹象非常明显，并没有体现教师的专业特性，并且对教师的主体性不够尊重。

③每项二级指标没有赋值，随意性强

量化考核中，每项指标应尽量可观察、可操作，而且每项指标都应有赋值,如此,才能知道区分指标的重要性程度,给反馈提供详细信息,考核才有意义。但在上例中,考核指标明显随意性较强。

④定量考核多,而定性考核少

量化考核能够保证结果的客观和公正,避免主观因素的影响。鉴于品德结构中情感、动机等内在的隐蔽性,必须结合定性考核方法。在地方各级政府的师德考核文件中,虽然有提到定量与定性考核相结合,但在具体考核程序中多是以定量考核为主,定性考核很少使用。

(5)考核结果运用:沦为奖罚的工具

考察国家和地方各级师德考核文件发现,师德考核结果主要用于招聘录用、职业生涯发展和培训开发。例如《教师法》规定:"教师考核结果是受聘任教、晋升工资、实施奖惩的依据。"《教育部关于进一步加强和改进师德建设的意见》规定:"将师德表现作为教师年度考核、职务聘任、派出进修和评优奖励等的重要依据。"

如果说国家文件表述得比较概括,那么地方文件中的规定则比较具体。如某市的考核办法规定:

①师德考核是教师专业技术考核及综合考核的重要组成部分,考核结果记入教师个人档案,并作为教师资格定期注册、业绩考核、职称评审、岗位聘用、评优奖励等的首要内容。考核优秀者,在外出培训、职称评审、岗位聘用、评优奖励时,同等条件下优先。

②考核未达到优秀的,年度考核不得评为优秀等次,不得参加各类先进评选。

③考核不合格,年终综合考核即为不合格,当年不得晋升职务、岗位等级,不得评先评优,按有关规定扣发绩效工资,必要时可调整岗位。

④对严重失德行为,影响恶劣的,按有关规定给予严肃处理,直至撤销教师资格、解聘。

从文件看来,考核结果往往作为奖惩的工具,而不是指导教师专业发展的参照。奖惩固然可以强制性地规范师德,但毕竟属于他律道德,而非师德自律。

2. 师德考核机制的完善策略[①]

问题分析为改进建议提供了可行的方向,下面从师德考核主体、考核内容与标准、考核过程与方法、考核结果运用几个方面提出一些建议。

---

① 周冬梅. 师德考核问题及策略——基于政策文本的分析[J]. 当代教育科学, 2014 (3).

(1) 应尊重师德考核主体的主体性

考核者和被考核者共同协商，共同制定考核指标，并且双方都能认可，目的是使主要利益相关者都真正意识到考核指标的制定和完成对个人以及对教育事业的影响。

淡化行政化的考核主体，突出教师自治组织对师德的考核。自上而下的行政化考核，不管多么民主，实质上还是忽略了教师自身的专业尊严。因此，应建立教师自治组织，类似于教师行会组织，让他们与教育行政系统形成分工与合作的关系，自觉承担起维护专业声望和权益的使命。

(2) 考核内容结构和层次需慎重设计

首先，考核内容结构按照四种关系进行重新设计，四种关系即教师与教育事业、教师与教师、教师与家长、教师与学生的关系。在广泛征求专家学者、一线教师、社会公众意见的基础上，重新修订四种关系的具体内容，力求体现教师的专业性。另外，师德考核内容的核心在于教师职业道德，应注意区分它与法律、政策，与公德和私德的界限，防止师德内容泛化。

其次，对师德考核内容应体现层次性，适当调整师德理想层次、原则层次和规则层次的比重，突出规则性层次对师德的约束作用。虽然实际上三个层次都是围绕师德建设目标而进行的分解，但分解到规则层次，就会用行为化的语言来定义，便于观察和测评。因此，这种由目标分解而形成的行为化考核标准体系，较为具体。对于考核标准，要求简明扼要，容易操作，不求面面俱到，而求公正。须要注意的是，考核标准分层的条目划分不宜过细过多，应注重考核指标精当、简洁，否则面面俱到，不但增加了考核的成本，而且影响考核的信度。

(3) 考核程序应有反馈和申诉环节

完整的考核程序包括目标、计划、实施、反馈四个环节，在师德考核中，反馈环节是必不可少的。考核结果并不是只有得出分数或评出等级就结束了，它的功能不仅是对师德的甄别鉴定，更多的是激励教师师德提升。因此，在反馈环节，应让教师明白自身的师德问题所在，以针对性地进行改进和提升。如果教师对考核结果有异议，则应允许教师申诉。申诉不仅有利于教师维护自身的合法权益，而且有利于反思和矫正师德考核方案。

(4) 多种考核方法相结合

师德考核方法多种多样，例如可借鉴品德测评的方法分类，从考核结果获得的结论来分类，有定量型、定性型、定性定量相结合型三种测评模式，共16种品德测评方法。

第三章 师德修养的践行路径

师德考核的宗旨是促进师德水平提高，最终是为人服务的。如将师德考核完全量化，则会造成"目中无人"引起教师的抵触情绪，与考核的宗旨背道而驰，换言之，师德考核本身无论是目的还是手段都应是符合道德的。因此，定量方法必须要结合定性方法，两者互相取长补短。

（5）考核结果运用，不仅是奖惩，而且是发展、激励

师德考核结果如果不与奖惩相结合，就起不到监督规范作用。但如何奖惩？似乎国家和地方各级政府都在努力保住师德底线，考核结果都与教师个人利益相挂钩，这种考核不可避免地带上了浓厚的功利主义色彩，这是否会伤害道德本身具有超越性和审美性？是否将师德贬低为适应性的低层次道德？若非如此，考核结果更应着眼于指导教师职业发展，激励教师向更高的师德境界迈进，应更多地体现教师的专业性尊严。

三、落实师德奖惩机制，促进教师狠抓修养

在探讨如何落实师德奖惩机制之前，我们先看一个案例。

【案例】

学生遭体罚　教师被革职

2010年10月16日，昆明市五华区教育局召开由区内各学校的校长（书记）参加的紧急会议，通报对"昆明市第三十中学教师李萍殴打学生"一事的调查处理结果。会上，五华区教育局向区内各学校的教职工发出警示：务必遵守"教师十不准"，举一反三，处理好教师与学生之间的工作。据通报，当事老师李萍被解除校内一切职务，昆三十中则在五华区教育系统内被通报批评。

10月11日，初三（1）班的上午最后一节课，由一位实习的女英语老师授课。她点了学生小辉的名，让他翻译英语词组"up to you"的意思。小辉按字面意思，把词组翻译成了"上你"（正确翻译应是"由你决定，你说了算"）。实习老师听到这种回答，认为小辉是"思想有问题"，下课之后，把这个情况反映到了小辉的班主任李萍那里。李萍老师听说这事，越想越生气，控制不住情绪，便对小辉实行了体罚。

五华区教育局副局长高红表示，李萍老师违反了"教师十不准"。"教师十不准"第三条规定："（教师）不准讽刺、挖苦、歧视、体罚或变相体罚学生。"五华区教育局决定，在全区教育系统内对昆三十中通报批评；责成昆三十中领导班子对学校教师队伍的管理问题进行全面反思，作出深刻的书面

检查；责成昆三十中依规对李萍老师进行处罚，并上报区教育局。

按照要求，昆三十中对李萍老师作出了如下处罚：解除学校与李萍老师德育处副主任、初三年级组长、初三（1）班班主任、英语教研组组长的聘用关系，停止其初三（1）班和初三（2）班的英语教学，调整工作岗位并深刻检讨；在全校范围内公开整个事件，并对李萍老师进行严肃批评；责成李萍老师向学生和学生家长赔礼道歉，争取谅解；扣除当月绩效奖金，取消当年一切评优评先资格。

（资料来源：《都市时报》2010 年 10 月 16 日）

（一）用社会主义核心价值观奖惩教师道德

1. 借助奖惩推动师德修养

激励，简言之，即激发和鼓励。师德激励是指推动教师这一道德实践主体选择社会教育要求的方向并保持一定水平从事教育教学活动，并在实际教育教学工作中可持续努力的动力。"方向"指的是所选择的师德目标，"水平"指参与意志努力的程度。师德激励的实质就是调动师德主体在道德利益选择时选择符合社会要求的方向，对活动主体的行为指向一定的目标起着加强、激发和推动的作用，激发和鼓励中小学教师在教育教学活动中按照教师职业道德规范的要求，追求师德境界，培养师德品质。

中小学教师职业道德建设要靠教育和激励双管齐下，缺少任何师德建设要素都不能使师德建设系统有效地正常运转。中小学教师职业道德教育培训机制是整个师德建设的基础，而中小学教师职业道德激励机制是师德建设的强大动力、是师德建设机制的引擎。师德激励机制作为师德教育、师德评价等师德建设机制系统中的二级动力机制，也是建立师德建设有效机制的杠杆。缺乏师德激励机制，师德教育培训机制就缺乏动力支持，师德教育培训机制难以发挥其应有的作用，师德教育也难以滋润教师的灵魂；没有师德激励这一动力机制，师德监督和师德评价就失去了其当然意义，师德建设也就失去了存在的价值。

中小学教师师德激励是提高中小学教师师德水准的必然要求，是激发教师工作积极性、促进教师道德成长的重要条件。中小学教师职业道德激励机制有利于引导教师的师德需要，激发教师积极工作的良好动机，体验其师德行为，转变教师教育教学行为方式。师德激励的功能是促进教师的教育教学方式和教育教学价值观念与社会、学校的倡导趋向一致，并强化这一师德信念，最终践行其师德行为。

第三章 师德修养的践行路径

2. 用社会主义核心价值观奖惩教师道德

提升师德修养水平和自觉践行社会主义核心价值观主要依靠中小学教师的道德自律和自觉修身，但科学合理的奖惩能够起到一定的推动作用。对于在践行社会主义核心价值观中表现突出、成绩优异者应该实施一定的奖励，对于消极对待、敷衍塞责者应该予以一定的处罚，运用奖、罚的手段，激发中小学教师的荣誉感、成就感、满足感，这对践行社会主义核心价值观这一伟大工程是有重要意义的。

践行社会主义核心价值观，是有程度之分、境界之别的。比如"诚信"，有些中小学教师胸怀一颗赤诚之心，对待任何事情都真实不妄，决不会为了名利而弄虚作假，自欺欺人，这是对社会主义核心价值观的自觉、充分地践行，能做到这种程度，表明已达到很高的境界。有些中小学教师具备了基本的诚信品质，在日常生活、工作中，基本上能做到实事求是，但在一些特定的关头，比如涉及重大利益选择或冲突，可能就违背了诚信原则，通过弄虚作假、营私舞弊来获取名利。还有一些中小学教师缺乏基本的诚信品质，在日常生活、工作中，一贯不讲诚信，以弄虚作假为能事，如考试作弊、伪造简历、论文抄袭等。上述第一种情况，是践行社会主义核心观实践中的高境界，应当予以奖励；第三种情况，严重背离了社会主义核心价值观，属于师德败坏，应当予以严肃惩处；第二种情况，是践行社会主义核心价值观实践中的一般水平，不奖也不罚。实际上，对于每一项社会主义核心价值观的践行，都存在类似上述这三种程度、境界之差等，对超出一般者，应予以奖励，不及一般者，应予以处罚。

在奖励方式上，可以采取以下方式：

（1）树立、宣传践行社会主义核心价值观典型，用荣誉激励中小学教师积极践行社会主义核心价值观。通过开展"最美教师""身边的好教师"等评选活动，对先进典型的事迹在媒体上进行大张旗鼓的宣传。

（2）开展各种教育教学技能比赛，通过竞争性活动激励中小学教师积极践行社会主义核心价值观，带领学生自觉践行社会主义核心价值观。

（3）把中小学教师践行社会主义核心价值观作为业绩综合考评的一项重要指标，与中小学教师的工资、奖金、津贴、职务评审等相挂钩，实现物质奖励与精神奖励相结合。

(二) 落实师德奖惩机制，促进教师狠抓修养

1. 当前师德奖惩存在的问题[①]

首先，激励缺乏心理需求。教师需要决定了中小学教师一切行为的最终目的。研究道德问题不得不正视现实利益问题。道德的超越性决定了利益的获取和代价的付出在时空的分离。但不管怎么样，只有当教师利益的获取超过代价的付出时，教师才愿意为满足需求而努力。目前众多中小学管理者受制于分配奖励，如激励方式设计受制于管理者评估报酬的技巧和能力，取决于该种激励方式是否为广大中小学教师所渴望。中小学教师的激励个人化实现起来困难重重。学校领导对各个中小学教师在年龄、性别、家庭出身、人生经历、心路历程、个性心理特征等方面的诸多差异考虑不足。师德激励方法雷同，差别化激励实现困难，激励缺乏心理需求，影响了激励效果。

其次，激励时间把握失当、激励时间缺乏弹性。师德激励时间与师德绩效息息相关。现行激励办法过分着重于通用和操作简便，规则制定太死，而且时间固定，非得到特定节假日才行，无法实现个性化激励。教师需要激励时也总要拖延到既定时间才予以表彰，使实际效果大大降低。

第三，分配上的平均主义和"身份职称中心论"。当前，我国分配制度改革力度明显加大，但中小学分配制度改革明显滞后。在现实中，平均主义现象有一定的普遍性，尤其是工资刚性在学校十分突出。近年来，我国实行的岗位绩效工资制改革的初衷是好的，但由于真正的岗位聘用制还未建立起来。岗位聘用能上不能下在现实生活中还客观存在。职称终身聘用制其实质就是身份制。岗位绩效工资制由四部分构成：岗位工资、绩效工资、薪级工资及津贴补贴。在未实行真正意义上的岗位聘用制下，能摆脱身份职称影响的就只有绩效工资中的 30% 了（绩效工资中的 70% 随职称是固定的）。

第四，重报酬轻工作满意度。中小学校管理着眼于物质报酬激励，教师为满足物质需要而工作。教师报酬提高了，按常理中小学教师教育教学积极性应该高，但仍有部分教师消极任教。究其根源，在于学校管理理念出现了偏差，未积极有效地关注中小学教师工作的满意度，未能关注其自身工作价值存在。工作满意感既与报酬的高低有关，也与工作价值相关。提高中小学教师教育教学工作绩效，除了加大中小学教师的物质待遇外，关键是使中小学教师体会到工作的内在价值，工作的人文氛围及其工作的满意度。

第五，分配标准缺乏效度。2007 年以来，我国实行的岗位绩效工资制

[①] 叶泽来. 中小学教师职业道德建设机制研究 [D]. 重庆师范大学，2010-05-20.

第三章 师德修养的践行路径

对中小学教师工作业绩究竟如何量化,如何制定科学的分配标准目前缺乏全面地系统的研究成果。中小学教师的教书绩效、育人绩效、学生管理绩效和服务的质与量应以何为标准,制定科学合理的分配标准众说纷纭。

最后,缺乏有效的竞争机制。目前各中小学校在实行岗位聘用时为了确保改革的积极稳妥或出于大局稳定的考量,设岗时过于"根据实际统筹安排"。教师聘任制的推行过程中实际存在着教师聘用"能上不能下,能高不能低"的状况。基础教育在国家战略层面具有的公益性和基础性与市场配置资源法则之间产生矛盾。教师资源不能转化为教师资本,不能像其他人力资源那样完全交由市场调节,优化教师资源困难重重,致使教师潜能由于缺乏竞争机制而难以发挥。

2. 师德奖惩机制的落实方法[①]

(1) 制定科学的激励目标,实现有效目标激励

首先,道德培养终究是一个习惯养成的过程。师德培养是一个循序渐进的过程,不可能一蹴而就。制定师德激励具体目标时尊重道德的培养规律。制定师德目标要从低到高,循序渐进,实际可行,可望而又可即。就是说,制定师德具体目标要具有科学性、必要的挑战性、操作的层次性和接受心理的调适性。师德目标不能超越教师现有师德发展实际。若师德目标过高,努力也难以达到,会使教师在师德修养过程中产生挫折感,失去对师德修养的信心和决心,动摇师德意志。如果师德目标过低,教师会不把师德修养当回事,不利于充分激发中小学教师的师德潜能。

其次,制定师德激励目标时要把握中小学教师需要,确实考虑他们的切身利益。师德激励要建立在师德需求的基础之上,所以研究教师的需求是建立师德激励机制的基础。设立师德目标必须首先从师德需要着手,要判断教师需要什么,就让教师去体验什么,教师对师德需要的体验之后尝到了甜头,教师会对师德需要加以认同。教师只有认同师德方能建立师德信念。中小学教师的具体需求是多样的,如政治需求,表现为强烈的政治参与意识,入党愿望强烈,渴望参与政治性的社会活动;业务需求,表现为渴求新知识、渴望提升教学教育技能,渴求业务进修;创造、成就的需求,希望取得有创造性的教育成果,其成果能得到学校和社会的认可,并能在评优晋级中得以考虑;自尊和荣誉的需要,希望得到学生、家长和社会的尊重以及领导的信任;物质生活的需求,希望改善工作和生活条件,解决子女的入托、入

[①] 叶泽来. 中小学教师职业道德建设机制研究. [D]重庆师范大学,2010-05-20.

学、就业问题等等。

(2) 物质激励与精神激励相结合

当前中小学教师,特别是农村中小学教师待遇普遍偏低,因此,对中小学教师实行必要的物质激励,通过改善工作生活条件等物质激励措施能有效激励中小学教师的教育教学激情。物质激励要确实有效果,一要发挥机制协作功能,二是物质激励要有必要的力度,特别是农村中小学教师。对具有良好职业道德的优秀教师要敢于重奖。物质激励是师德建设激励机制的基础,师德建设不能超脱于教师生活现实,师德无论多么高尚的教师都有正常的物质生活需要,国家、社会和学校都应该为解除每一位中小学教师生活的后顾之忧而不懈努力。

对广大中小学教师而言,物质激励是激励的基础,精神激励是激励的重点。物质激励与精神激励相比较而言,无形的情感激励作用更为持久。激励中小学教师应多关注中小学教师的较高层次需要,中小学教师渴望被尊重,渴望发展,渴望平等。马斯洛需要层次理论告诉我们,"尊重的需要"是人的较高需要层次。每一个中小学教师都是处于社会关系中的人,他们需要得到同行的尊重。中小学教师在思想和事业上的点滴进步都需要得到他人的承认和肯定。如果中小学校领导对教师的工作和生活能够关心、支持和理解,至少不能漠视,则能更好地激励教师进步。物质激励是短暂的、外在的,但它是激励的基础,不可偏废。精神激励是持久的、内在的。精神激励既是激励的重点,也是激励的根本所在。因此,师德建设激励机制要把握激励导向,坚持以精神激励为主,物质激励为辅的原则。在正确处理物质激励与精神激励关系的基础上逐步过渡到以精神激励为主。

(3) 有奖有惩、奖惩结合

奖励是激励的正面强化,是中小学教师师德内化过程中基于师德需要的基础上强化师德体验、师德体认的保持及其师德信念的巩固的激励措施。惩罚是指反面强化能促使教师不符合职业道德规范的思想和行为得到"抑制、减弱、消除、控制、矫正"的激励措施。相关理论研究表明:强化明显优于不强化,直接强化明显优于间接强化,正强化优于负强化。师德建设的工作实践经验也证明,师德激励要坚持奖励为主,惩罚为辅的原则,实行有奖有惩,奖惩结合。

(4) 综合使用多种激励手段,构建多元激励

实践证明,单一的激励效果极为有限,激励手段要多元化,既应该有垂直的集中的统一的激励方式,也应该有灵活多样的自主激励方式。集中统一

 第三章 师德修养的践行路径

激励和自主激励要有机统一。根据中小学教师的师德需要，运用目标集中统一激励，让教师体验师德目标价值，师德目标难度设置合理并不断提出新目标。师德目标激发师德动机，调动教师师德内化外化的积极性，促使教师的职业心理与行为状态符合师德目标。同时，学校领导多给予教师情感—关怀激励式的自主激励。学校管理要着重人性化，管理方式要有积极情感和态度的产生。让中小学教师积极参与不同的形式的民主管理；学校决策要尽可能广泛征求教师意见；工作安排多商讨，少强制命令，使中小学教师拥有被领导信任和尊重的愉快感受。

（5）师德激励及时、适时和适度

中小学教师取得师德进步时，要给予及时适时地正向激励。只有激励及时、适时，才能巩固正激励的效果。假如激励不及时、适时，会降低激励效果。同时，激励要适度，要实事求是，不能过于夸张，应该根据教师表现来决定激励强度，不夸大，不缩小。中小学教师行为失范时，要及时适时适度地反向激励。由于反向激励的特殊性，特别不能滥用，反向激励要注意方式方法。总之，坚持师德激励原则首先要制定科学的激励目标，实现有效目标激励；激励手段要避免单一，处理好奖惩关系，坚持奖惩结合的原则、以物质激励为基础、精神激励为主的原则，及时、适时和适度地实施有效激励。要综合运用多元化的激励手段，以形成良好的激励运行机制。

3. 师德奖惩的具体方法

师德激励首先得正视师德动机发生机制，探讨师德需要和师德兴趣问题。师德激励就是把师德需要和师德兴趣加以激励和引导，引发师德动机。物质激励和精神激励能引发师德动机发生。师德激励的方法很多，归结起来有：奖励和惩罚的方法，物质法和精神法。奖励的方法包括物质奖励法和精神奖励法。惩罚的方法包括物质惩罚法和精神惩罚法。在很多情况下他们是很难截然分开的，有的方法和措施既能满足物质方面的需要，也能满足精神方面的需要，把物质奖励和精神激励有机结合起来，同时要有奖有惩，奖惩结合，使师德动机发生机制真正发挥其激励功能。

（1）物质奖励法

近年来，中小学教师待遇逐步提高，但教师这一职业与其他一些行业相比，教师待遇还是偏低的。加强和改进中小学教师师德建设必须重视对教师的物质激励，解除广大中小学教师的后顾之忧。各级政府在财政预算中要预留一定的财政资金用于教师激励。物质奖励的具体办法有：正常晋升工资档次、提前晋升工资，如提前晋升、越级晋升，加级加薪、奖金、奖品、住房

福利、改善工作条件等。对师德考核合格的中小学教师正常晋升薪级工资或提前晋升岗位工资、对从事特殊环境工作的农村中小学教师发放特殊津贴，对师德先进个人或师德标兵颁发奖金、奖品和津贴。

物质奖励要注意两点：一是学校的每一次评比等奖励都应该及时广泛征求教师意见，评比结果及时公开，充分发动校园和社会媒体的宣传优势，要造大声势营造尊师爱教氛围，否则花了不少人力物力财力搞的师德激励活动达不到应有的效果。二是物质奖励要有必要力度和梯度。就是说，对公认的优秀中小学教师，在诸如工资、目标奖励、荣誉津贴、住房待遇、工作条件等方面予以奖励，要做到敢于奖励，善于奖励。

（2）精神奖励法

教育事业激励教师。师德激励工作要确实贴近教师的思想实际。教师关心什么就激励什么。目前，教师最为关心的就是自我的发展前景，自己任教的学科发展等与教师个人事业发展息息相关的问题。学校要积极创造条件使师德高尚的中小学教师尽快成长为教育教学骨干、学科的带头人，或者激励他们走上更有挑战性的工作岗位，甚至领导岗位。所以，师德激励工作要两讲。一要讲"渗透"，即师德建设工作渗透到中小学教师教育教学中，二要讲"结合"，即师德建设工作与教师个人事业发展结合起来。在"渗透"和"结合"的过程中，在学校管理过程中要坚持把"以教师为本"作为师德建设工作的根本出发点，重视中小学教师个人价值的实现。

政治方向激励教师。方向就是希望，教师有明确的政治方向，教师就会超越狭隘的利益争夺。学校要积极创造主客观条件，积极指引中小学教师的思想政治方向。目前，中小学校教师党员发展特别是青年教师党员发展比例偏低且逐年下降，中小学校党组织要采取有效措施加大对青年骨干教师、学科带头人的培养力度，不断扩大入党积极分子队伍中的优秀教师比例，积极发展优秀模范教师特别是优秀青年骨干教师入党。

关怀激励教师。中小学教师在工作、生活和学习中常会遇到各种各样的困难和挫折。此时，他们思想波动最大，动机斗争最强烈。学校领导要善于把握激励的时机，深入到中小学教师中间，多接触，多交谈，多关心和多了解他们实际工作困难，及时、适时地解决教师们遇到的问题。

荣誉鼓励教师。教师在取得成绩时，要及时适度地给予肯定，及时适时评选各种先进，如师德模范、师德标兵、师德先进个人、师德先进集体等。每年教师节组织师德主题教育活动，以庆祝教师节和表彰优秀教师为契机，集中开展师德宣传教育活动；表彰师德标兵，优秀班主任、辅导员、德育工

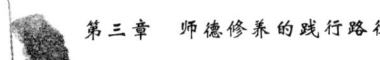 第三章 师德修养的践行路径

作者和德育先进集体;组织师德典型重点宣传和优秀教师报告团活动,大力褒奖人民教师的高尚师德,广泛宣传模范教师先进事迹。

(3) 物质惩戒法

中小学校要建立健全师德建设领导体制、师德失范惩戒机制和制度。体制、制度和机制的建设能有效地预防师德失范行为的发生。对师德失范的中小学教师要实行相应的惩罚。对违反教师职业道德规范的教师进行的经济处罚有:对教育教学事故承担经济赔偿责任,对师德失范的中小学教师停薪留职或待聘待岗,以观后效;对师德失范的中小学教师收回各种福利待遇,如住房补贴、教龄补贴、生活补贴和子女入学等相关福利待遇等;对师德失范的中小学教师职称职务降薪降级、扣除教学津贴及其奖金等等。

(4) 精神惩戒法

教师群体有其特殊性,文化素质相对较高。根据教师群体所追求的精神层次普遍比其他社会群体更高的特点,可以对中小学教师失范行为进行精神惩罚。在某些情况下,精神处罚还更加有效,激励效果更好。对教师师德失范要给予批评并责成做自我批评,该通报的通报于众,该处分的坚决处分,该开除的坚决开除。比如对师德失范教师在师德教育培训会上公开批评,并让其检讨,在一定范围对其通报。在具体操作中,在体制、制度及其机制方面要注意:第一,师德"一票否决"制。对学校师德建设工作出现重大失误,取消该校在各种评选、评优和评比活动中的资格,并追究学校领导责任。对教师个人违反有关师德规范,教师教学成绩无论多好,都必须坚持"一票否决"。按有关规定取消其评优评先资格、或年度考核不合格、或不能正常晋级等。第二,实行师德责任追究制度。对师德建设工作差的学校,要追究学校及其领导人的责任、绝对不能就单单失范行为进行教师个别处理。第三是适当必要的行政手段,主要有警告、通报、批评、停职、记过、留用察看、调离学校或开除公职等行政处分等。第四是严肃法纪,对于严重违反师德法纪的、跨越师德底线行为,已构成违法的要依法追究法律责任。

(5) 榜样激励法

激励有正激励和反激励之分。要充分发挥正向激励的作用,坚持正面激励的主旋律。榜样激励,简言之,就是表彰先进、树立典型。榜样的力量是很重要的激励源泉,榜样激励主要是以潜移默化,以微风细雨的形式浸润和滋养教师的心田。要十分重视先进师德典型的发掘、培养和宣传,充分发挥先进教师的带头、示范和激励作用。对表现突出的、教师公认的优秀中小学模范教师,应给予充分肯定和表彰,树立师德先进典型,抓好正面宣传攻

势，以此为决胜口，由典型分子带动一般群体共同进步。在教师队伍中要努力造势，造出声势，造出影响，让师德失范人员无处藏身。培植和推出中小学教师师德优秀典型，以师德模范讲座的形式巡回做报告、各教育电视台要开办师德教育节目，打造教育教学品牌。学校要加强舆论宣传攻势，要加大造势的力度、深度和广度，充分利用校内校外媒体，如，宣传单、黑板报、展板、橱窗、横幅、校园广播、电视台、校园网、校报校刊等开辟专栏的形式，校外报纸、杂志、电视、广播等宣传媒介要大力表彰"德高业精"的优秀教师。开展调查研究、宣传优秀模范教师先进的、具有丰富人文内涵的教师职业价值观，总结、推广优秀模范教师教书育人的成功经验。

总之，只有解决教师的后顾之忧，切实提高中小学教师的生活和政治待遇，让其付出和劳动得到尊重，个人价值得以体现，物质和精神需要得到满足，才能激发其师德动机，形成其师德兴趣，强化其师德体验，深化其师德体认，形成其师德信念，实现师德规范的内化和自律。

参考书目

1. 习近平. 做党和人民满意的好老师——同北京师范大学师生代表座谈时的讲话［N］. 人民日报，2014-09-10.

2. 中共中央组织部党员教育中心组织. 兴国之魂：社会主义核心价值观五讲［M］. 北京：人民出版社，2013.

3. 何锡蓉. 当代中国精神旗帜——社会主义核心价值观研究［M］. 上海：上海人民出版社，2014.

4. 李春秋，王引兰. 中小学教师职业道德修养［M］. 北京：北京师范大学出版，2012.

5. 罗晓语. 教师应带头践行社会主义核心价值观［N］. 光明日报，2013-10-07.

6. 闫小柳，赵忠义. 师德修养概论［M］. 北京：北京师范大学出版社，2008.

7. 陈大伟. 师德修养与教育法规［M］. 北京：北京师范大学出版社，2013.

8. 周冬梅. 师德考核问题及策略——基于政策文本的分析［J］. 当代教育科学，2014（3）.

9. 张旦生. 中小学师德行为监管机制研究［J］. 科教导刊，2015（2）下.

社会主义核心价值观与师德修养

后　记

　　百年大计，教育为本；教育大计，教师为本；教师大计，师德为本。师德修养要在社会主义核心价值观的指导下进行，使教师真正做到"学高为师，身正为范"。为切实引导中小学教师自觉培育和践行社会主义核心价值观，帮助中小学教师加强师德修养，我们编写了《社会主义核心价值观与师德修养》。

　　本书旨在探讨中小学教师如何在社会主义核心价值观的指导下进行师德修养。全书共分三章七节。第一章从基础理论方面阐述了师德修养的崇高境界，第一节阐述了师德修养的依据，强调教师职业道德规范是教师的行动向导，第二节分析了培育和践行社会主义核心价值观在提升教师职业道德水平方面的重要作用，即社会主义核心价值观是师德修养的精神支柱；第二章从社会主义核心价值观与师德修养的结合方面阐述了师德修养的价值标杆，这一章由三节组成，分别从国家、社会和公民三个层面阐述师德修养的价值目标、价值取向和价值准则；第三章从实践的角度阐述了教师进行师德修养时如何践行社会主义核心价值观，即师德修养的践行路径，这一章分为两节，分别从师德修养的内动力和外驱力两个方面阐述教师在进行师德修养时，如何将社会主义核心价值观内化于心、外化于行。这是一个从理论到实践、知行结合成完整系统的框架结构。

　　社会主义核心价值观与师德修养的研究，是大家共同面临的新课题，也是亟待开发和探讨的新领域。本书在阐述时结合一些实例评析，使中小学教师在掌握基本理论观点的同时，能够理论联系实际，学以致用，拓宽思路，不断创新。

　　本书是南京晓庄学院校级科研项目"大学生生态文明理念的培育对建设美丽中国的重要意义"（项目编号：2013NXY29）和南京晓庄学院重点党建课题"价值哲学视域中的高校师生社会主义核心价值观培育研究"（项目编号：2014DJKT03）的研究成果之一。

　　本书是在东北师大出版社和南京晓庄学院马克思主义学院的共同领导下

后 记

组织编写的。在编写过程中,得到了东北师大出版社吴东范老师和魏昆老师的悉心指导,得到了南京晓庄学院马克思主义学院的帮助和支持。

本书编写大纲和板块设计由阎玉珍教授与全体参编者反复研讨后确定的,徐青英副教授、阎玉珍教授为主编。全书初稿后由阎玉珍教授、徐青英副教授审阅、统稿并定稿。本书第一章由陈红英教授、博士撰写,第二章第一节由黄慧讲师、法学硕士撰写,第二章第二节由许冰融讲师、法学硕士撰写,第二章第三节由郭艺蓓讲师、法学硕士撰写,第三章第一节由徐青英副教授撰写,第三章第二节由金富平讲师、哲学博士撰写。

本书在编写过程中,参阅了有关学者的著作、论文,借鉴和吸收了国内同行研究的最新成果。我们在此表示衷心的感谢。由于研究、编写水平有限,因此本书在体系结构、内容阐述和文字表达上的不足之处,敬请专家、广大教师和读者给予批评指正。

编　者

2015 年 5 月